Jung
bleiben

Inhalt

Einleitung 6

Teil **1** | Grundlagen

Ehe Sie beginnen 16 Zentrieren 22 Grundlagen des Atmens 24 Zur Vorbereitung: Dehnen 26

Teil **2** | Übungen

Seitwärtsdehnung im Stehen 42 Blitz 44 Komplette Hocke 46 Vorwärtsbeuge 48 Vorwärtsbeuge und Hohlkreuz 51 Dreieck 52 Krieger seitwärts 54 Springender Krieger 56 Baum 58 Halbmond 60 Krähe 62 Katze 64 Katzen-Balance 66 Katzen-Kreise 68 Hund (nach unten) 70 Kobra 72 Schlange 74 Heuschrecke 76 Bogen 78 Sonnengruß 80 Schulterstand gegen die Wand 86 Voller Schulterstand 90 Pflug 92 Kind 94 Dehnungssequenz im Sitzen 96 Drehung im Sitzen 98 Atemübungen: Atmen mit Summton 100 Tiefe Bauchatmung im Liegen 101 Schein-Atmung 102 Wechselseitige Nasenlochatmung 104 Kühlender Atem 105 Meditation 106 Entspannung 108

Teil **3** | Programme

Für Herz und Lunge 112 Für die Verdauung 114 Für einen gesunden Rücken 116 Für Gleichgewicht und Konzentration 118 Für die Wechseljahre 120 Für Becken und Schultern 122 Für das Immunsystem 124

Register 126 Nützliche Adressen und Dank 128

Einleitung

Yogaübungen wirken ganzheitlich – sie beeinflussen Körper, Geist und Seele zugleich. Das Ergebnis: ein positives Lebensgefühl. Wir werden aktiver, fühlen uns jünger – und sehen auch so aus!

Dank des ständigen Fortschritts in der medizinischen Forschung und ärztlichen Versorgung sowie der Verbesserung der Lebensbedingungen leben die Menschen in den Industrieländern heute länger als je zuvor. Männer, die zu Beginn des 21. Jahrhunderts geboren wurden, können mit etwa 75 Lebensjahren rechnen, Frauen mit rund 80 Jahren. Damit hat sich die Lebenserwartung gegenüber dem 19. Jahrhundert fast verdoppelt.

Als Folge davon machen wir uns immer mehr Gedanken über das Altern. Wenn wir die Zeit schon nicht anhalten können, möchten wir wenigstens wissen, wie wir möglichst lange jung bleiben können, damit wir von unserem langen Leben auch etwas haben!

Yoga kann uns dank seines ganzheitlichen Ansatzes helfen, dieses Ziel zu erreichen. Die Kombination aus Körperhaltungen, Atemübungen, Entspannung, Meditation und Hinweisen

GESUNDHEITSTIPPS

Falls Ihr Arzt Sie vor Überanstrengung gewarnt hat oder Sie nicht ganz gesund sind, sollten Sie den Rat eines qualifizierten Yogatherapeuten oder -lehrers einholen, bevor Sie mit den Übungen beginnen. Auf Seite 17 stehen Hinweise zu bestimmten Gesundheitsproblemen. Bei den Übungen selbst finden Sie gegebenenfalls mit »VORSICHT« überschriebene Tipps oder Varianten. Wenn Sie schwanger sind oder vor kurzem entbunden haben, lassen Sie sich von einem qualifizierten Yogalehrer über geeignete Übungen beraten.

Regelmäßiges Yogaüben kommt Körper und Geist zugute. Sie bleiben fit und gesund, fühlen sich jünger als sie sind – und sehen auch so aus!

zur gesunden Lebensführung trägt zu körperlicher Fitness und geistiger Frische und zu einer positiveren Lebenseinstellung und mehr Achtsamkeit bei. Wer Yoga praktiziert, kann seine Vitalität auch im Alter bewahren und innerlich jung bleiben.

Yoga kann man unabhängig von Alter oder körperlicher Fitness praktizieren. Es ist völlig ungefährlich, solange Sie die Grenzen Ihrer Belastbarkeit respektieren. Lesen Sie daher als Erstes die »Gesundheitstipps« links: Es gibt Yogaübungen, die dem Körper einiges abverlangen.

Was bedeutet Altern?

Altern ist ein ganz natürlicher Vorgang, hat aber sehr unterschiedliche Aspekte. Erstens: das Vergehen der Zeit an sich, das chronologische Altern. Zweitens: die dabei auftretenden physischen Veränderungen, das biologische Altern. Und schließlich betrifft es unsere Selbsteinschätzung – das psy-

chologische Altern. In vielen Fällen sagt das chronologische Alter wenig über das Aussehen oder die Befindlichkeit eines Menschen aus. Wir alle kennen Menschen, die sehr jung für ihr Alter sind, und andere, die scheinbar schon alt geboren wurden.

Der Verlauf des biologischen Alterns ist ziemlich vorhersehbar. Mit Anfang zwanzig befindet sich unser Körper normalerweise in einem Topzustand. Von da an geht es mit uns unmerklich, aber unaufhaltsam bergab. Hier die hauptsächlichen körperlichen Veränderungen:

HORMONE UND WECHSELJAHRE

Im Großen und Ganzen weisen unsere Hormonsysteme im Alter nur wenige große Veränderungen auf. Eine Ausnahme bildet der starke Abfall des Östrogenspiegels bei Frauen im Klimakterium, das normalerweise zwischen 45 und 55 stattfindet.

Der größte Teil der körperlichen Nebenwirkungen während der Wechseljahre wie Hitzewallungen, nächtliches Schwitzen, Kopf-, Gelenk- und Muskelschmerzen sowie Müdigkeit sind vorübergehende Erscheinungen (auch wenn das einem im Augenblick nicht so vorkommt), und nur ganz wenige Frauen leiden an allen zugleich. Es gibt jedoch zwei wichtige Langzeit-Nebenwirkungen. Zum einen besteht anscheinend eine Verbindung zwischen dem sinkenden Östrogenspiegel und der Osteoporose; In Extremfällen kann dies zu Rückgratverkrümmung, Zusammenbruch der Wirbel und erhöhtem Frakturrisiko führen. Die andere Nebenwirkung ist der Verlust des relativen Schutzes vor Herzerkrankung und Schlaganfall, den Frauen genießen, solange ihre Eierstöcke Östrogen produzieren.

Frauen können einiges tun, um die Nebenwirkungen des Klimakteriums gering zu halten. Dazu gehören eine gesunde Ernährung und maßvolle Bewegung – wie beim Yoga.

• Ab etwa 30 Jahren werden die Knochen dünner – die Fähigkeit zur Kalziumaufnahme nimmt ab, und damit Knochendichte und -stärke.

• Schon ab 20 geht die Beweglichkeit der Gelenke zurück, da die Elastizität der Bänder nachlässt.

• In den 30ern nehmen Umfang, Kraft und Flexibilität der Muskeln erstmals ab. Sportliche Betätigung wird nicht mehr so gut vertragen, Verletzungen heilen langsamer und nicht mehr vollständig.

• Durch Veränderungen des Herzmuskels und der Blutgefäße ist das Herz-Kreislauf-System immer weniger in der Lage, auf körperliche Anstrengungen angemessen zu reagieren. Nach dem 50. Geburtstag nehmen Herz-Kreislauf-Erkrankungen zu.

• Die nachlassende Elastizität des Lungengewebes und die teilweise durch Schadstoffe hervorgerufenen Lungenschäden schränken die Atemkapazität ein und beeinträchtigen die sportlichen Leistungen; eine Versteifung des Brustkorbs und gewohnheitsmäßige schlechte Atmung verstärken diese Veränderung noch. Im Alter von 40–65 Jahren leiden etwa

17 Prozent der Männer und acht Prozent der Frauen an chronischen Atemwegserkrankungen.

• Das Alter wirkt sich auf die Sinnesorgane aus. Ab 40 werden wir weitsichtiger, hören hohe Töne schlechter, der Gleichgewichtssinn nimmt ab.

• Mit 65 Jahren haben wir etwa zehn Prozent weniger Gehirnzellen als in unserer Jugend. Meist verschlechtert sich zuerst das Kurzzeitgedächtnis. Unsere Reflexe werden langsamer.

• Das Immunsystem kann Krankheiten immer schlechter abwehren, wir werden anfälliger für Viren und bakterielle Infektionen. Ab 50 nehmen Krebserkrankungen zu.

Warum altern wir?

Das biologische Altern ist vor allem darauf zurückzuführen, dass die Funktionsfähigkeit unserer Zellen im Laufe der Jahre ständig abnimmt. Das Genmaterial in den Zellen wird beschädigt und die Zellen können die Schäden immer schlechter reparieren. Man nimmt an, dass spezielle Moleküle, die so genannten freien Radikale, eine wesentliche Rolle bei der Beschädigung der Zellen spielen. Viele freie Radikale werden aufgrund natürlicher chemischer Prozesse im Körper produziert, aber auch durch Umweltverschmutzung, Rauchen und evtl. Nahrungsmittelzusätze. Der Körper verfügt zwar über ausgezeichnete Schutzmechanismen gegen freie Radikale, aber ihre Wirksamkeit nimmt im Laufe unseres Lebens ab.

Das biologische Altern ist zwar unvermeidlich, doch das Tempo der Veränderungen kann sehr unterschiedlich sein. Es hängt bis zu einem gewissen Grad von unseren Genen ab; die Abwehr- und Reparaturmechanismen der Menschen sind unterschiedlich stark. Genetische Faktoren spielen auch bei vielen altersbedingten Beschwerden eine Rolle, so bei Bluthochdruck, koronaren Herzkrankheiten, Arthrose, Altersdiabetes und manchen Krebsarten. Eine erbliche Veranlagung muss jedoch nicht zwangsläufig zur Erkrankung führen. Auch die jeweilige Lebensweise – wie viel Sport man treibt, ob man raucht, wie man sich ernährt, ob man geistig frisch bleibt, wie man mit Stress umgeht – ist von Bedeutung für die Geschwindigkeit, mit der der Körper altert. Das Gleiche gilt für Umwelteinflüsse. Ein einfaches Beispiel ist die Hautalterung: Sie hängt davon ab, wie oft man Sonnenlicht und Schadstoffbelastungen ausgesetzt ist.

Unser psychologisches Alter kann vom chronologischen Alter beeinflusst werden (aber nur, wenn wir das zulassen!) sowie vom Zustand unseres Körpers. Aber andersherum kann auch unsere Lebenseinstellung Einfluss auf das Altern unseres Körpers nehmen. Wenn wir uns selbst für alt halten, nur weil wir ein bestimmtes Lebensalter erreicht haben, altern wir höchstwahrscheinlich physisch wie geistig schneller. Die innere Einstellung ist das A und O. Positives Denken, Lebensfreude, Zufriedenheit, eine wohlwollende Einstellung zu den Mitmenschen und der Welt im Allgemeinen, noch Ziele zu haben – all das kann dazu beitragen, innerlich jung zu bleiben.

So kann Yoga helfen

Yoga kann einen wesentlichen Beitrag dazu leisten, dass wir uns länger jung und gesund fühlen.

Viele neuere Untersuchungen belegen den Nutzen von maßvoller körperlicher Betätigung. Dazu gehören die Verbesserung der Ausdauer, des Gleichgewichts und der Koordination, die Stärkung der Muskulatur, mehr

Yoga kann inneren Frieden bewirken, der dabei hilft, den Herausforderungen des Lebens positiv zu begegnen – auch in den reiferen Jahren.

Beweglichkeit und eine bessere Reaktionszeit sowie ein allgemeines körperliches und geistiges Wohlbefinden. Aus ärztlicher Sicht sollte man täglich mindestens 30 Minuten gezielt trainieren. Dabei sind drei jeweils zehnminütige Yogasitzungen genauso gut wie 30 Minuten am Stück; für Yoganeulinge mit sitzender Lebensweise ist diese Aufteilung vielleicht sogar am sinnvollsten.

Die für Yoga charakteristische Kombination von Haltungen, Atmung und Entspannungspraktiken tut allen Körpersystemen gut. Die Mischung aus Bewegungsabläufen und gehaltenen Positionen eignet sich hervorragend, um Muskelverspannungen zu lösen und Beweglichkeit, Muskelkraft und Gelenkbeweglichkeit zu verbessern. Haltungen, bei denen das Körpergewicht »getragen« wird, sorgen für starke Knochen. Eine Verbesserung der Haltung führt zu einem positiveren, jugendlicheren Selbstbild.

Durch dynamische Übungsfolgen wie »Sonnengruß« (Seite 80) können Beweglichkeit, Kondition und Ausdauer gesteigert werden. Yoga verträgt sich gut mit anderen den Herzkreislauf stärkenden Aktivitäten wie Walking, Tanzen und Schwimmen. Yoga fördert eine respektvolle Einstellung zum eigenen Körper mit gesunder Ernährung und genügend Schlaf.

So verändert sich Ihr Lebensstil

Yoga zielt darauf ab, den gelassenen Kern unseres Wesens zu finden, oder, wie es der große Yogameister Patanjali vor über 2000 Jahren formulierte, »das Anbranden der Gedanken zum Schweigen zu bringen«. Sämtliche Yogaübungen, vor allem Atempraktiken und Meditation, können uns helfen, physische, mentale und emotionale Blockaden zu lösen.

Wenn wir Yoga in unseren Alltag integrieren, werden wir bestärkt, im Hier und Jetzt zu leben, ganz bei dem zu sein, »was ist«. Wer sich vollständig auf seine Tätigkeit oder sein Gegenüber konzentriert, kann klarer sehen und achtsamer handeln.

Um dies zu erreichen, müssen wir unser Verhalten unter die Lupe nehmen. Wie oft nehmen wir das Alter zum Anlass, um uns oder unsere Mitmenschen in bestimmte Schubladen einzuordnen, wie oft handeln wir auf

Grund von Klischees? Wie oft lassen wir negativen Gefühlen wie Wut, Angst und Neid freien Lauf? Neigen wir dazu, uns an die Vergangenheit und alles, was hätte sein können, zu klammern? Oder leben wir nur in der Hoffnung auf die Zukunft (oder in Angst vor ihr)?

Andere mit Respekt und Mitgefühl behandeln, ehrlich mit sich selbst sein, Neid und Eifersucht meiden und sich mit den einfachen Dingen des Lebens begnügen, statt immer mehr besitzen zu wollen: Yoga macht Mut, solche energieraubenden Haltungen aufzugeben und durch positivere Einstellungen zu ersetzen.

Frauen und Yoga

Für Frauen kurz vor und während der Wechseljahre ist es sehr hilfreich, eine positive Lebenseinstellung (s. Kasten) zu entwickeln, durch Yogaübungen körperlich aktiv zu bleiben

LEITSÄTZE FÜR DAS LEBEN

Eine positive Beziehung zur Welt und zu sich selbst hatte für Patanjali fundamentale Bedeutung. Versuchen Sie, nach seinen Grundsätzen (s. unten) zu leben. Ihr Leben wird positiver und die Lebensenergie kann leichter in Ihnen fließen.

Im Verhältnis zu Ihrer Umgebung sollten Sie:

• niemandem Schaden zufügen und sich um Mitgefühl bemühen;
• stets aufrichtig sein;
• anderen Menschen nichts wegnehmen. Das gilt nicht nur für Besitztümer, es bedeutet auch, weder Zeit, Energie noch Wohlwollen anderer Leute zu verschwenden;
• Ihren nächsten Angehörigen gegenüber zuverlässig und selbstlos sein;
• materielle Dinge nicht um ihrer selbst willen oder aus egoistischen Gründen erwerben oder sich daran klammern (auch nicht an Menschen).

Im Verhältnis zu sich selbst sollten Sie:

• geistige, körperliche und seelische Reinheit herausbilden;
• nach dem Einfachen streben und aus allem das Beste zu machen versuchen;
• körperliche und geistige Festigkeit entwickeln, um mit den Schwierigkeiten des Lebens fertig zu werden;
• lernen, sich mit dem eigenen Selbst zu identifizieren statt mit gewohnheitsmäßigen Handlungsweisen und Einstellungen;
• akzeptieren, dass es im Leben mehr gibt als das Materielle, und Achtung vor der Intelligenz haben.

und durch Entspannung und Meditation zur eigenen Mitte zu finden.

Die Wechseljahre können die Lebensfreude erheblich dämpfen. Zu den physischen Symptomen (Seite 8) kommen emotionale Anforderungen. Wenn diese Zeit ausschließlich als Signal für einen Rollenverlust verstanden wird – den Verlust der Empfängnisfähigkeit – und als Beginn der Abwärtskurve ins Alter, dann wird sie negativ erlebt und hat negative Langzeitfolgen. Wenn Frauen jedoch die verbreitete Klischeevorstellung vom Klimakterium nicht akzeptieren und es stattdessen als eine von vielen Stufen eines noch langen Lebens betrachten, dann bietet es ihnen die Chance zu neuen Zielsetzungen.

Die richtige Einstellung

Vielen Menschen fällt es schwer, die nötige Willenskraft für regelmäßiges Üben aufzubringen. Noch schwieriger kann es sein, die Lebenseinstellung nach den Empfehlungen des Yoga zu verändern. Aber es lässt sich bewältigen! Als Lohn winken größere Vitalität, innerer Frieden und das Bewahren eines »jungen« Lebensgefühls.

WIE SIE DIESES BUCH VERWENDEN

Dieses Buch ist in drei Abschnitte unterteilt: Der Grundlagenteil führt in die Yogapraxis ein und enthält grundlegende Atem- und Dehnübungen. Machen Sie sich damit vertraut, ehe Sie zum nächsten Teil mit den Übungen weitergehen. Hier finden Sie ausgewählte Positionen und Atempraktiken sowie eine Anleitung zur Meditation. Erarbeiteten Sie sich die Haltungen nach und nach, indem Sie jeweils nur eine oder zwei auswählen! Sehen Sie sich zuerst die Fotos an, um ein Gefühl für den Bewegungsablauf insgesamt zu bekommen. Dann folgen Sie aufmerksam der Anleitung. Wenn Ihnen eine Übung schwer fällt, arbeiten Sie die aufbauenden Schritte gut durch oder probieren Sie es mit einer Variante, sofern vorhanden.

Im Abschnitt Programme werden Übungen mit anderen Praktiken zu kurzen Yogaprogrammen kombiniert, die auf bestimmte Bedürfnisse abgestimmt sind. Versuchen Sie sich daran erst, wenn Sie die einzelnen Haltungen wirklich beherrschen.

Yoga lernt man normalerweise bei einem Lehrer. Deshalb sollten Sie jetzt einen Kurs belegen, sofern Sie das nicht bereits tun. Nützliche Adressen für die Suche nach einem qualifizierten Lehrer finden Sie auf Seite 128.

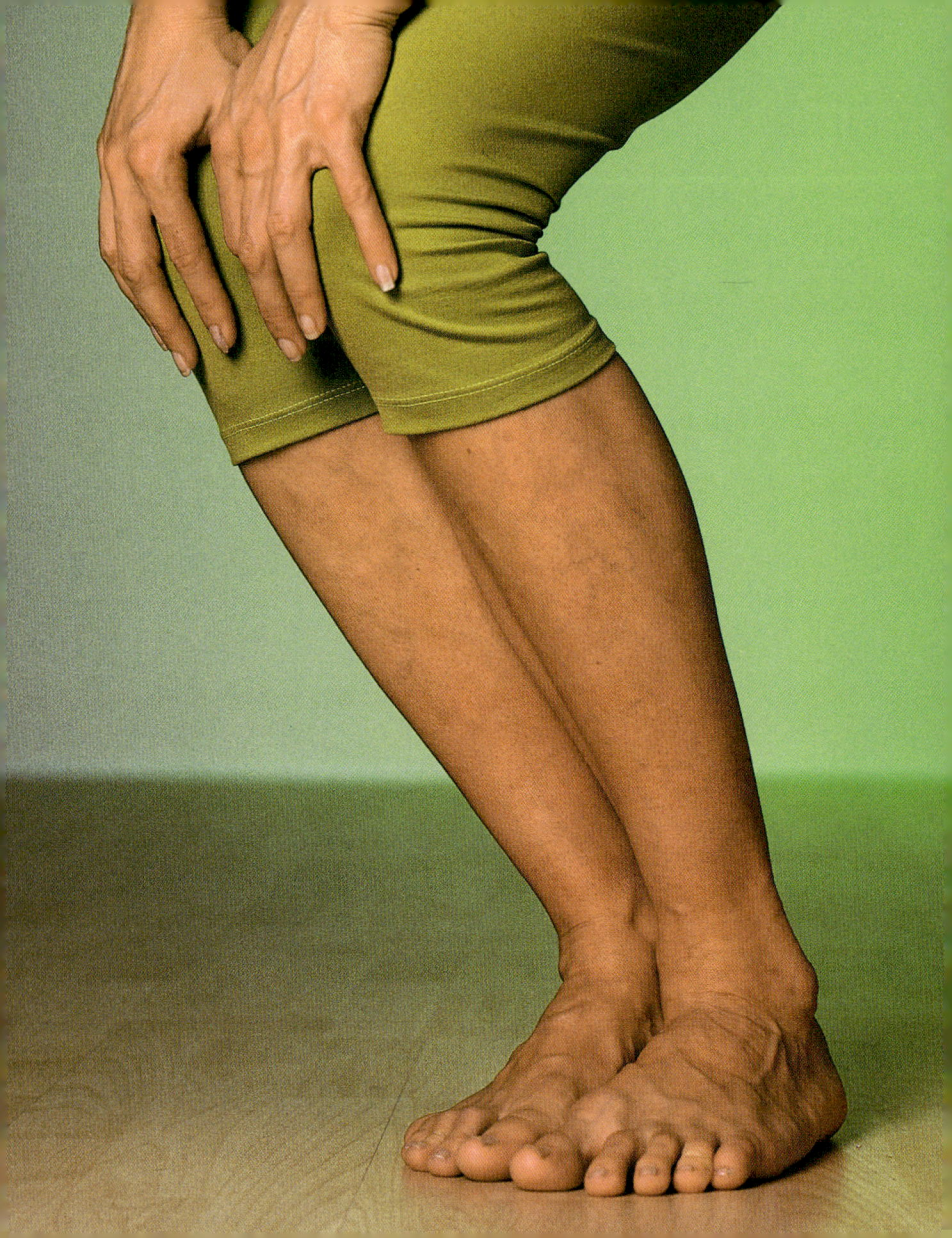

Teil 1

Grundlagen

In diesem Abschnitt lernen Sie Grundhaltungen im Stehen, Sitzen und Liegen sowie Atem- und Dehnübungen zur Lockerung und Koordination von Atmung und Bewegung kennen. Außerdem finden Sie hier einige Atem- und Konzentrationsübungen.

Ehe Sie
beginnen

Es ist wichtig, Yoga unter den richtigen Voraussetzungen zu üben. Mit dieser Einführung fällt es Ihnen leicht, die Übungen aufmerksam und unter Berücksichtigung Ihrer Stärken und Schwächen auszuführen.

Eine feste Zeit zum Üben ist optimal. Jeden Tag ein bisschen Yoga ist besser als ein- oder zweimal wöchentlich ganz viel. Üben Sie nie mit vollem Magen. Nach einer Hauptmahlzeit drei Stunden warten, nach einem leichten Essen zwei und nach einem Snack eine! Gut geeignet ist daher die Zeit vor dem Frühstück oder der frühe Abend. Tragen Sie bequeme Kleidung, die Ihre Bewegungen nicht einengt. Ansonsten brauchen Sie nur eine Matte oder sonstige rutschfeste Unterlage und genügend Platz, um sich ganz ausstrecken zu können. Als Yoganeuling sollten Sie sich nicht zu

BEACHTEN SIE IHRE GRENZEN!

Beim Yoga soll man nichts mit Gewalt erzwingen. Zu den meisten Haltungen gibt es sanfte Varianten. Links sehen Sie z. B. die vollständige und die gemäßigte Version des Bogens (Seite 78).

viel zumuten. Anfänglich werden Sie vielleicht ein, zwei Tage Muskelkater haben, aber das gibt sich bald. Schmerzen sollten beim Yoga nicht vorkommen – unterlassen Sie alles, was wehtut. Bei Brustschmerzen, Herzjagen, Schwindel oder Atemnot sofort aufhören! Sollten auch bei sanfteren Varianten Beschwerden auftreten, sprechen Sie mit einem Yogalehrer.

Treten Sie nicht mit anderen oder mit Abbildungen in Büchern in Konkurrenz, und versuchen Sie nicht, über sich selbst zu triumphieren, sondern seien Sie geduldig mit sich. Jeder hat physische Stärken und Schwächen. Beachten Sie Ihre Leistungsgrenzen, überschreiten Sie sie nicht – aber Sie können sie geduldig erweitern.

Sorgen Sie beim Training für Ausgewogenheit: Auf Übungen, bei denen Sie sich stark nach vorn beugen, sollten Rückwärtsbeugen oder Drehungen folgen und umgekehrt. Übungen, bei denen eine Körperhälfte besonders beansprucht wird (Dreieck, Seite 52), jeweils auf der anderen Seite wiederholen.

YOGA BEI GESUNDHEITLICHEN EINSCHRÄNKUNGEN

• Bei Bluthochdruck, Herzleiden, Glaukom oder Netzhautablösung soll der Kopf nie tiefer als das Herz sein.

• Bei Bluthochdruck oder Herzleiden anstrengende Haltungen im Stehen oder in der Bauchlage nur kurz einnehmen. Bei Bluthochdruck die Arme nicht lange über den Kopf halten.

• Bei niedrigem Blutdruck aus »Umkehr«-Haltungen betont langsam wieder hochkommen.

• Bei Rücken- oder Ischiasproblemen Beugen und Drehungen vermeiden, die Schmerzen oder andere Symptome auslösen (z. B. Kribbeln oder Taubheit im Bein); bei Beugungen nach vorn die Knie nie durchdrücken.

• Bei Bruchleiden oder nach Bauchoperationen keinen starken Druck auf den Bauch ausüben.

• Bei Arthritis bewegen Sie die Gelenke nur, wie es schmerzfrei möglich ist.

• Bei degenerativen Veränderungen der Halswirbelsäule oder anderen Nackenproblemen den Kopf nicht extrem nach hinten oder vorn beugen; auch bei Seitwärts- und Drehbewegungen ist Vorsicht geboten.

• Während der Menstruation sinkt die Energie evtl. ab. »Umkehrungen« und Übungen, bei denen der Beckenbereich stark beansprucht wird, meiden.

Grundhaltungen

Als Beginn jeder Übung und als Bindeglied zwischen unterschiedlichen Haltungen gibt es stehende, sitzende oder liegende Grundpositionen. Einige davon werden hier gezeigt, außerdem die Verwendung von Hilfsmitteln. Wenn Sie nicht besonders gelenkig sind oder Probleme mit dem Gleichgewicht haben, können Hilfsmittel wie Schaumstoffpolster oder Sitzkissen den Körper entlasten.

Gute Haltung

Das aufrechte Stehen kann als selbstständige Übung betrachtet werden; es fördert Standfestigkeit und Aufmerksamkeit. Gutes Stehen kann bei Haltungsproblemen helfen. Eine bequeme Sitzhaltung mit aufgerichteter Wirbelsäule und gerade gehaltenem Kopf ist unabdingbar für Atemübungen und Meditation; für die Entspannung ist eine angenehme Lage entscheidend.

STEHEN

Stellen Sie sich aufrecht hin, Füße parallel, hüftbreit auseinander, Ohren, Achseln, Hüfte und Fußknöchel bilden eine Gerade. Füße fest auf den Boden drücken und sich aufrichten. Brustbein anheben. Der Kopf ist so ausgerichtet, als sei an Ihrem Scheitel ein von der Decke herabhängender Faden befestigt. Sie stehen sicher, blicken entspannt geradeaus und atmen ruhig.

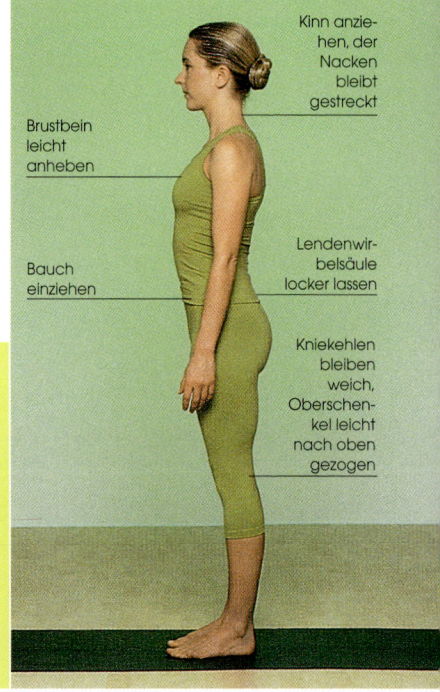

Kinn anziehen, der Nacken bleibt gestreckt

Brustbein leicht anheben

Lendenwirbelsäule locker lassen

Bauch einziehen

Kniekehlen bleiben weich, Oberschenkel leicht nach oben gezogen

SCHNEIDERSITZ

Schienbeine so kreuzen, dass der rechte Fuß unter dem linken Knie ruht und umgekehrt. Mit aufgerichtetem Kopf und gerader Wirbelsäule das Gewicht auf den vorderen Rand der Sitzknochen verlagern, Hüfte entspannen. Falls die Knie die Hüfte überragen, setzen Sie sich auf ein Kissen.

FERSENSITZ

Wenn Sie den Schneidersitz unbequem finden, setzen Sie sich auf die Fersen. Für längeres Verweilen ein Kissen oder eine gefaltete Decke zwischen Po und Unterschenkel legen, Knie und Füße sind jeweils hüftbreit auseinander. Die Wirbelsäule bleibt lang, der Kopf aufrecht. Legen Sie die Hände auf die Oberschenkel oder in den Schoß.

RÜCKENLAGE

Diese Haltung dient meist zur Entspannung. Sie liegen auf dem Rücken, die Füße etwa hüftbreit auseinander, die Zehenspitzen fallen entspannt nach außen, die Arme ruhen etwas entfernt vom Körper mit den Handflächen nach oben, der Hinterkopf liegt auf dem Boden.

POLSTER

Wer eine steife Hüfte hat oder beim Sitzen leicht »krumm« wird, d. h., in sich zusammenfällt, dem kann ein festes Schaumstoffpolster helfen, z. B. bei der »Dehnung im Sitzen« (Seite 96). Sie können sich das Polster auch unter den Kopf legen, wenn die Rückenlage dadurch für Sie angenehmer wird.

GURT

Der Gurt wird am häufigsten als eine Art Verlängerung der Arme eingesetzt; das schützt den Rücken vor Überanstrengung. Beim »Beckenöffner« (Seite 39) benutzen Sie den Gurt, damit der Rücken lang und die Schultern entspannt bleiben, während Sie Ihre Knie zum Boden bringen.

KISSEN

Anstelle eines Polsters können Sie auch ein Kissen zum Sitzen oder als Kopfstütze benutzen. Es kann auch untergelegt werden, um angespannte Muskeln zu entlasten. So können Sie beim »Dehnen im Sitzen« (Seite 96) ein Kissen unter das angewinkelte Knie legen, um die Muskelanspannung in den Innenseiten der Oberschenkel abzumildern.

ROLLE

Eine dicke Polsterrolle kann auf mehrere Arten Halt bieten. Zum Beispiel ist es sehr entspannend, sich bei der breitbeinigen Version von »Kind« (Seite 95) mit dem Oberkörper darauf zu legen. Bei Wirbelsäulenproblemen entspannt in der Rückenlage eine Nackenrolle unter den Kniekehlen.

DECKE

Beim Meditieren und Entspannen hält eine Wolldecke schön warm. Sie kann auch als Unterlage dienen, z. B. bei der Vorstufe zum »Schulterstand an der Wand«. Die gefaltete Decke wird so unter den Schultergürtel gelegt, dass dieser in der Endposition (Seite 87) auf dem Deckenrand ruht, während der Kopf auf dem Boden, also tiefer liegt.

STUHL

Außer zum Sitzen kann ein Stuhl auch zur Unterstützung verschiedener Körperteile dienen, um so bestimmte Übungen zu verändern und vereinfachen. Z. B. kann man beim »Pflug« (Seite 92) einen Stuhl zu Hilfe nehmen, um mit den Füßen auf den Boden zu kommen. Auch bei Unsicherheiten mit dem Gleichgewicht kann ein Stuhl helfen (»Baum«, Seite 59).

Zentrieren

Im Yoga soll sich unsere Aufmerksamkeit auf das Hier und Jetzt konzentrieren. Die folgende einfache Übung hilft Ihnen, sich nicht von Gedanken, Gefühlen und Verspannungen ablenken zu lassen.

Um sich zu zentrieren, stehen Sie, sitzen oder liegen ein paar Minuten in einer angenehmen Stellung. Lauschen Sie auf Ihre Atmung und finden Sie zu einem ruhigen, natürlichen Atemrhythmus; die Unruhe in Ihrem Kopf nimmt ab. Falls Sie steife Gliedmaßen und verspannte Muskeln haben, sollten Sie erst die unten beschriebene Konzentrations- und Entspannungsübung in der Rückenlage ausführen, bevor Sie andere Übungen beginnen.

So zentrieren Sie sich

1 Kommen Sie auf den Rücken; die Knie sind angewinkelt, die Füße hüftbreit auseinander; Arme etwas vom Körper entfernt, mit den Handrücken nach unten, die Finger krümmen sich sanft nach innen; der Hinterkopf liegt mit der Mitte auf dem Boden. Dann den Nacken entspannen. Gegebenenfalls ein Polster oder ein dünnes Kissen unter den Kopf legen.

2 Die Lendenwirbelsäule auf den Boden drücken, die Füße über den Boden gleiten lassen und die Beine ausstrecken. Beine entspannen und die Füße nach außen fallen lassen. (Bei Rückenbeschwerden bleiben die Knie angewinkelt.) Augen schließen. Spüren Sie: Liegen Oberkörper und Glieder gleichmäßig auf dem Boden, oder gibt es irgendwo noch Verspannungen oder Blockaden?

3 Nacheinander die Aufmerksamkeit auf die einzelnen Körperteile richten und diese entspannen. Bei den Füßen beginnen und langsam nach oben wandern: Waden, Oberschenkel, Becken, Po, Hände, Unterarme, Oberarme, Brustkorb, Rücken, Schultern, Hals, Gesicht. Spüren Sie, wie die jeweilige Körperpartie entspannt und gelöst wird. Dann auf den Atem konzentrieren: Durch die Nase atmen, dabei die Atmung nicht forcieren oder bewusst verändern; spüren Sie einfach, wie der Atem in den Körper hinein- und wieder hinausfließt, bis sich ein langsamer, tiefer, natürlicher Rhythmus einstellt. Bei jedem Ausatmen spüren Sie das Loslassen. Fühlen Sie, wie Ihr Körper in den Boden »einsinkt«, der Sie aber zugleich trägt.

4 Achten Sie nun bewusst auf das Ausatmen: Atmen Sie etwas länger aus als ein; zählen Sie bei jedem Ausatmen mit, von zehn bis null. Atmen Sie ruhig und gelassen. Bei null den Kopf dreimal von der einen Seite auf die andere drehen. Beim nächsten Einatmen die Arme heben und über die Schultern nach hinten strecken, bis in die Fingerspitzen dehnen, dabei die Lendenwirbelsäule auf den Boden drücken und die Fersen leicht in Richtung Wand ziehen. Einige Atemzüge lang die Dehnung halten. Dann beim Ausatmen die Arme wieder zu den Seiten bringen. Alles loslassen. Langsam auf die Seite drehen, einige Atemzüge lang pausieren, dann langsam aufsetzen.

Grundlagen des
Atmens

Gute Atmung ist für unsere physische, geistige und seelische Gesundheit von fundamentaler Bedeutung. Im Yoga bedeutet Atmen, dass Lebensenergie – »der Atem hinter dem Atem« – in den Körper fließt.

Die Atmung versorgt den Körper mit dem nötigen Sauerstoff für die Stoffwechselprozesse. Außerdem sorgt sie für die Ausscheidung von Kohlendioxid, dem wichtigsten Abfallprodukt des Stoffwechsels. Verspannungen in der Atemmuskulatur zwischen und hinter den Rippen können ein Gefühl der Enge und sogar Schmerzen in der Brust hervorrufen. Lockernde Atemübungen lösen die Anspannung im gesamten Oberkörper inklusive Nacken und Schultern. Das verbessert die Fähigkeit, die Atmung wechselnden Anforderungen anzupassen.

Der Atem bildet eine wichtige Verbindung zwischen Geist und Körper. Durch Kontrolle der Atmung – z. B. Rhythmus und Tiefe, Dauer der Ausatmung und Gebrauch von rechtem und/oder linkem Nasenloch – können wir körperliche, geistige und seelische Zustände beeinflussen.

Gute Atemgewohnheiten

Yoga betont die Bedeutung der Nasenatmung, die Nutzung des Zwerchfells, eines langsamen Atemrhythmus und die Koordination von Bewegung und Atmung. »Öffnende« Bewegungen wie z. B. Rückwärtsbeugungen werden mit dem Einatmen durchgeführt, »schließende« Bewegungen wie Beugungen nach vorn mit der Ausatmung.

Die Atemübung rechts hilft uns, die Funktion der Atemmuskulatur wahrzunehmen, und fördert gute Atemgewohnheiten. Man kann sie im Stehen, Sitzen oder Liegen ausführen.

Atem spüren

Wenn Sie sich beim Atmen auf bestimmte Bereiche konzentrieren, können Sie Energieblockaden aufbrechen.

Wenn Sie Schritt 3 beendet haben, verbinden Sie alle drei Schritte zu einem vollständigen Ein- und Ausatmen.

1 Mit angezogenen Knien hinlegen, die Handflächen auf dem Bauch. Atmen Sie tief ein und spüren Sie, wie sich Ihr Bauch beim Einatmen wölbt und sich Ihre Finger spreizen. Beim Ausatmen spüren Sie, wie der Bauch sich wieder senkt. Sechsmal gleichmäßig ein- und ausatmen.

2 Die Hände unten an die Rippen legen. Die Finger liegen vorn, die Daumen hinten auf den Rippen. Spüren Sie, wie die Rippen sich beim Einatmen ausdehnen, in die Hände hinein, und beim Ausatmen wieder zurücksinken. Sechsmal in dieser Haltung ein- und ausatmen.

3 Die Finger unterhalb der Schultern auf die Schlüsselbeine legen. Atmen Sie ein und spüren Sie, wie sich der Brustkorb oben weitet und die Finger in Richtung Kopf gehoben werden. Beim Ausatmen spüren Sie, wie Brustkorb und Finger wieder nach unten sinken. Sechs Atemzüge in dieser Haltung.

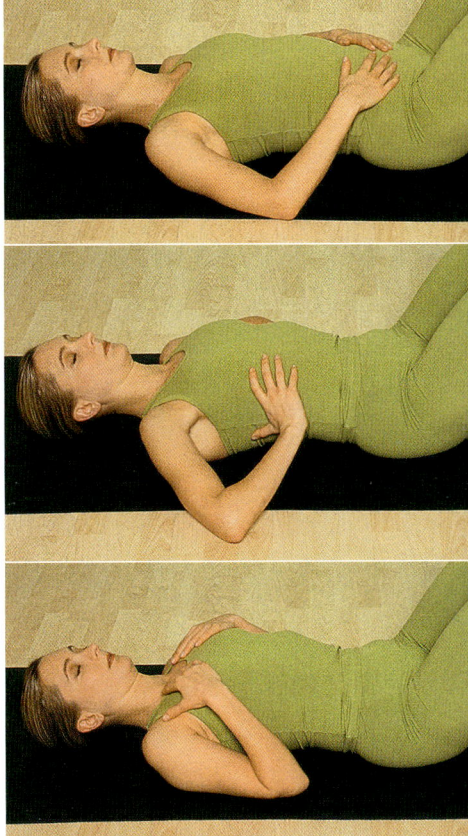

Zur Vorbereitung:
Dehnen

Steife Gelenke und Muskeln vor schwierigen Haltungen immer erst mit sanften Dehnübungen lockern! Sie fördern außerdem die Wahrnehmung des Zusammenspiels von Bewegung und Atmung.

Kniekreisen

1 In der Rückenlage Beine mit geschlossenen Knien anwinkeln. Die Füße anheben und die Hände auf die Knie legen. Bei normaler Atmung die Knie im Uhrzeigersinn kreisen lassen. Bewegen Sie sich langsam und behutsam. Mit kleinen Kreisen anfangen.

2 Ruhig atmen. Mit entspanntem Oberkörper die Kreise allmählich vergrößern – dabei dehnen sich die Rückenmuskeln. Nach einer Weile in die Gegenrichtung kreisen. Kreise allmählich kleiner werden lassen. Die Füße wieder aufsetzen. Entspannen.

Kopf ans Knie

1 Auf den Rücken legen. Das rechte Bein zur Brust ziehen und die Hände unterhalb des Knies verschränken, die Schultern bleiben entspannt. Beim Ausatmen das Knie an die Brust ziehen.

2 Linke Ferse vom Körper wegschieben. Mit dem Ausatmen Bauch einziehen, Kinn anziehen, Kopf und Schultern anheben. Ruhig atmen, Position halten. Kopf wieder auf den Boden legen und das Bein loslassen. Mit dem linken Bein wiederholen.

3 Beide Knie zur Brust ziehen. Bei Rückenproblemen die Übung jeweils nur mit einem Bein oder nur Schritt 1 oder 2 ausführen. Die Hände kurz unterhalb der Knie verschränken, die Schultern bleiben am Boden.

4 Beim Ausatmen Bauch einziehen und Kopf Richtung Knie heben. In den Unterleib atmen und tief ausatmen. Die Stellung mehrere Atemzüge lang halten, dann den Kopf langsam auf den Boden bringen und die Knie loslassen. Entspannen.

Kniesehnen-Dehnung

1 Auf den Rücken legen, Beine ausstrecken und vom Körper wegschieben, indem die Fersen nach vorne gedrückt werden.

2 Rechtes Knie zur Brust ziehen, das Schienbein mit beiden Händen umfassen. Ausatmen. Knie enger an die Brust ziehen. Linke Ferse nach vorn drücken.

3 Hände zum Oberschenkel gleiten lassen. Das Bein hochstrecken, dabei die Zehen zum Körper ziehen. Ruhig atmen und das Bein gerade ausstrecken. Falls Ihr Knie gebeugt bleibt, probieren Sie die Variante auf Seite 29.

4 Gehen Sie mit den Händen in Richtung Fuß. Beim Ausatmen das gestreckte Bein zur Brust ziehen. Ruhig atmen und die Position halten. Knie anwinkeln und Bein auf den Boden legen. Mit links wiederholen.

Alternative

1 Wenn Ihre Kniesehnen verkürzt oder steif sind, ziehen Sie das rechte Knie zur Brust und legen Sie einen Gurt um die Fußsohle. Halten Sie den Gurt mit beiden Händen fest.

2 Strecken Sie das Bein in die Höhe. Falls Ihr Knie gebeugt bleibt, lassen Sie das Bein etwas nach unten sinken, bis es durchgedrückt ist. Drücken Sie die Ferse von sich weg, sodass sich die Rückseite des Beins streckt. Sie spüren einen leichten Druck gegen den Gurt.

3 Ruhig atmen, die Schultern entspannt. Beim Ausatmen die Arme heben und den Gurt in Richtung Kopf ziehen, dabei wird die Dehnung auf der Rückseite des Beins stärker. Position mehrere Atemzüge lang halten. Dann das Knie wieder anwinkeln und das Bein ablegen. Mit links wiederholen.

Armschieben

1 Auf den Rücken legen, Knie anwinkeln. Arme auf Schulterhöhe seitlich ausbreiten, Handflächen nach oben. Ruhig atmen, dann tief einatmen und vollständig ausatmen, dabei Bauch einziehen. Halten Sie den Bauch eingezogen, während Sie weiteratmen.

2 Während des Einatmens den rechten Arm nach oben zum Kopf gleiten lassen und den linken Arm nach unten zur Hüfte. Lassen Sie Ihre Bewegungen von Ihrer Atmung steuern und versuchen Sie, mit Handrücken und Unterarmen Bodenkontakt zu halten. Kurz pausieren.

3 Beim Ausatmen die Arme in entgegengesetzter Richtung gleiten lassen, sodass der linke Arm neben Ihrem Kopf und der rechte Arm an Ihrer Seite liegt. Kurz pausieren. Bis zu zehnmal wiederholen, dann das Ganze in umgekehrter Reihenfolge: Beim Einatmen den linken Arm zum Kopf und den rechten nach unten führen. Den Bauch entspannen, Beine ausstrecken und normal atmen.

Beckenheben

1 Mit angezogenen Beinen auf dem Rücken liegen, die Knie hüftbreit auseinander, die Fersen in einer Geraden mit dem Knie. Den Nacken strecken, der Hinterkopf liegt gerade auf dem Boden, Arme an die Seiten legen, Handflächen nach unten, Schultern nach unten ziehen. Tief atmen.

2 Beim Einatmen Füße auf den Boden stemmen und Hüften heben, sodass das Gewicht auf den Schultern ruht, der Hals bleibt unbelastet. Beim Ausatmen Steißbein in eine Gerade mit den Knien bringen. Beim Einatmen die Hüften wieder heben und beim Ausatmen strecken. Dann Position halten, dabei in den Bauch atmen.

3 Ausatmen und langsam wieder auf den Boden kommen. Oder Hände unter dem Po verschränken und die Handrücken Richtung Füße ziehen. Die Hüfte höher als die Brust strecken, die Knie parallel zueinander und die Fersen unter den Knien. Tief ein- und ausatmen. Zum Lösen der Position Hände loslassen, ausatmen und den Rücken Wirbel für Wirbel auf den Boden bringen. Kurze Zeit entspannen.

Drehung im Liegen

1 Auf den Rücken legen, Beine anwinkeln, Knie und Füße zusammen. Arme auf Schulterhöhe waagerecht ausstrecken, mit den Handflächen nach oben. Bei Nackenbeschwerden ein Polster oder Kissen unter den Kopf legen. Ruhig atmen.

2 Mit dem Ausatmen die Knie nach rechts fallen lassen, Knie und Fußknöchel bleiben zusammen, der rechte Fuß kommt mit der Außenseite auf den Boden; den Kopf nach links drehen und die linke Schulter auf den Boden drücken. Es macht nichts, wenn Ihre Knie den Boden nicht berühren: Knie keinesfalls mit Gewalt nach unten bringen.

3 Mit einem Einatmen Knie und Kopf langsam zur Mitte zurückführen. Beim Ausatmen die Knie nach links und den Kopf nach rechts fallen lassen. Liegen bleiben und auf die Wanderung des Atems durch Bauch und Brust konzentrieren.

Seitenansicht

Gelenkaktivierung

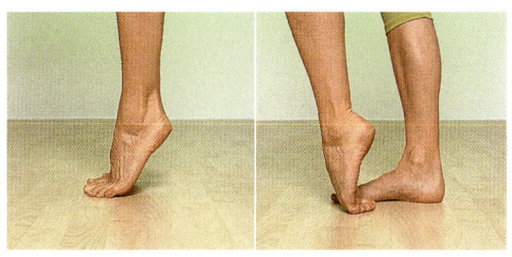

ZEHEN

Mehrmals auf den Zehen-
spitzen wippen. Einen Fuß so
weit nach vorn rollen, dass
Sie die Zehen auf den Bo-
den drücken können. Hal-
ten, weiter atmen. Mit dem
anderen Fuß wiederholen.

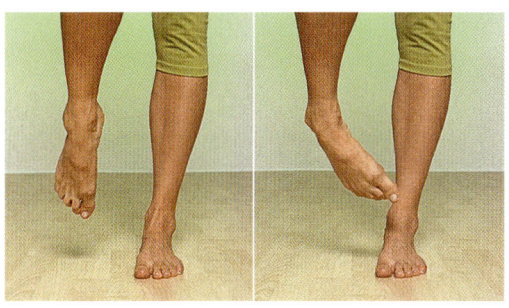

KNÖCHEL

Einen Fuß anheben und
nacheinander leicht in
beide Richtungen drehen,
der große Zeh beschreibt
dabei große Kreise. Mit dem
anderen Fuß wiederholen.
Das Standbein bleibt so
ruhig wie möglich.

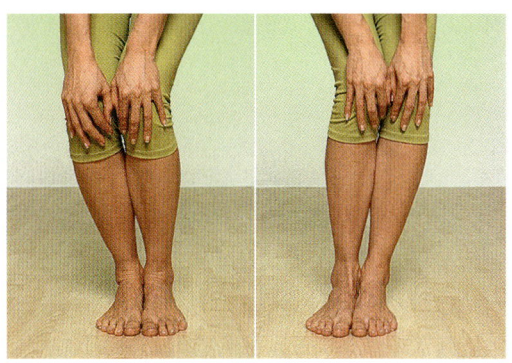

KNIE

Aufrecht stehen, Füße und
Beine zusammen. Knie etwas
beugen und mit nach unten
zeigenden Fingern die Kniescheiben festhalten. Knie
zehn- bis 20-mal im Uhrzeigersinn kreisen lassen, dann
zehn- bis 20-mal anders-
herum.

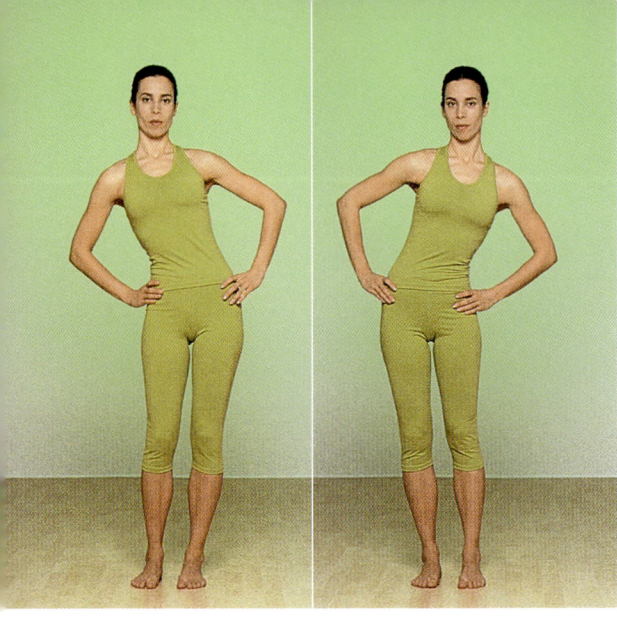

BECKEN

Hinstellen, die Füße sind hüftbreit auseinander, die Hände auf die Hüfte gestützt. Hüfte erst im Uhrzeigersinn und dann in die Gegenrichtung jeweils zehn- bis 20-mal kreisen lassen; die Knie sollen möglichst unbewegt bleiben.

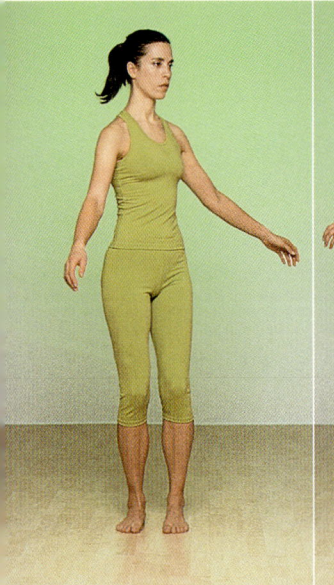

OBERKÖRPER

Aufrecht stehen, die Füße hüftbreit oder breiter auseinander. Arme frei von einer Seite zur anderen schwingen lassen, den Oberkörper dabei mitnehmen. Mit kleinen, langsamen Bewegungen beginnen, die mit zunehmendem Schwung weiter und schneller werden. Bei Rückenproblemen nur behutsam steigern.

HANDGELENKE

Die Hände zu Fäusten bal-
len, Daumen nach innen.
Arme nach vorn ausstre-
cken und unbewegt halten,
Hände und Handgelenke
jeweils bis zu zehnmal im
und gegen den Uhrzeiger-
sinn kreisen lassen. Die Kreise
sollten möglichst groß, die
Bewegungen fließend sein.

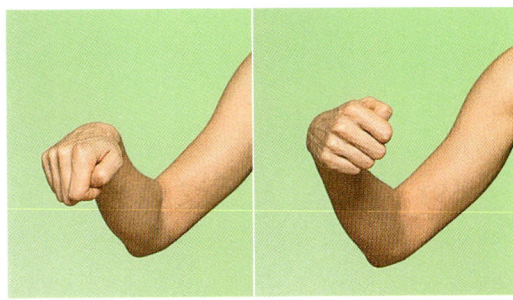

SCHULTERN

Im Stehen die Fingerspitzen auf die Schultern legen. Beim Einatmen die Ellbogen vor
der Brust zusammenbringen und aneinander gedrückt anheben. Mit dem Ausatmen
Ellbogen kreisförmig nach außen, zurück
und nach unten führen. Beim Einatmen
wieder nach vorn zusammenbringen und
Schritt 2 bis 4 fünf- bis zehnmal wiederholen.

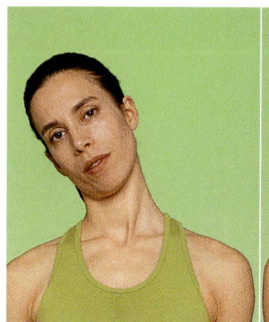 

HALS

Geradeaus gucken, Kinn zur Brust ziehen. Beim Ausatmen rechtes Ohr zur rechten Schulter bringen. Position halten, dreimal atmen; die Dehnung spüren. Beim letzten Einatmen zurück in die Ausgangsstellung. Nach links wiederholen.

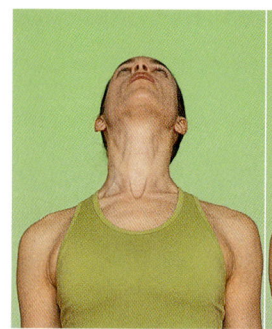 

Beim Ausatmen das Kinn nach oben strecken (Hals dabei nicht überdehnen). Dreimal ein- und ausatmen, wieder einatmen und Kopf zurückführen. Beim Ausatmen Kinn zur Brust bringen, Position halten, dreimal ein- und ausatmen und beim vierten Einatmen zurück in die Ausgangsstellung.

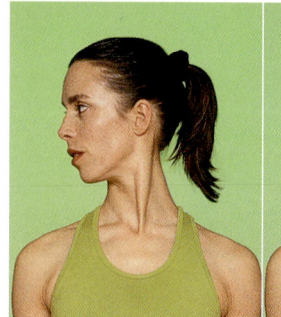 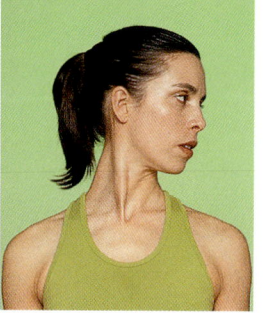

Beim Ausatmen den Kopf langsam nach rechts drehen, den Blick immer auf einer Höhe. Dreimal ein- und ausatmen, wieder einatmen und Kopf zurückführen. Nach links wiederholen. Beim vierten Atmen zurück in die Ausgangsstellung gehen.

Becken öffnen 1

1 Liegen Sie auf dem Rücken mit gestreckten Beinen, die Arme an den Seiten. Beim Einatmen rechtes Bein anwinkeln und Fuß zum Po ziehen, der Fuß bleibt dabei auf dem Boden.

2 Rechten Fuß mit der Sohle an die Innenseite des linken Oberschenkels bringen, dabei das rechte Knie mit der rechten Hand nach unten drücken. Die linke Hand sorgt dafür, dass die Hüfte unten bleibt.

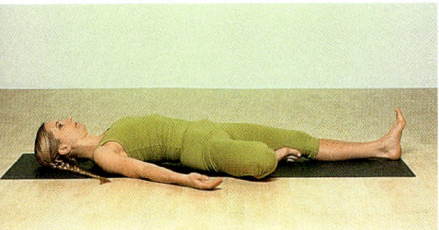 

3 Die linke Pohälfte bleibt am Boden, Arme neben dem Körper ausstrecken und entspannen. Zum Schluss mit einem Einatmen Knie wieder aufstellen und den Fuß nach unten gleiten lassen, bis das Bein gestreckt ist. Das Ganze mit der linken Seite wiederholen.

4 Eine Steigerung von Schritt 3: Handflächen auf der Brust aneinander legen, dann die Arme über den Kopf strecken. Zum Abschluss die Arme an die Seiten bringen, dann Knie aufstellen und das Bein wieder ausstrecken.

Becken öffnen 2

1 Liegen Sie mit angewinkelten Beinen auf dem Rücken, Knie hüftbreit auseinander, Arme am Körper, Schultern nach unten ziehen. Der Hinterkopf soll gerade auf dem Boden aufliegen.

2 Das rechte Bein so über den linken Oberschenkel legen, dass das Fußgelenk frei schwebt. Das rechte Knie vorsichtig mit der rechten Hand wegdrücken. Den rechten Fuß mit der linken Hand festhalten.

3 Linkes Bein anziehen, dabei weiter mit rechts sanft gegen das rechte Knie drücken. Bewegen Sie den linken Unterschenkel langsam auf und ab, sodass sich die Dehnung in der rechten Pohälfte noch verstärkt.

4 Rechte Hand zwischen die Beine schieben und den linken Unterschenkel beidhändig noch enger heranziehen (Variante: mit Gurt). Entspannt bleiben und ruhig atmen. Langsam loslassen und links wiederholen.

Becken öffnen 3

Setzen Sie sich mit ausgestreckten Beinen auf den Boden. Um die Wirbelsäule zu strecken, stemmen Sie die Hände neben der Hüfte auf den Boden.

Fußsohlen aneinander legen und Füße so nah wie möglich zum Körper ziehen, Füße mit den Händen umschließen. Einatmen und die Wirbelsäule strecken.

Beim Ausatmen Knie seitlich nach unten sinken lassen. Wer nicht so gelenkig ist, kann die Innenseiten der Schenkel sanft mit den Händen herunterdrücken. Ruhig atmen.

Wer gelenkiger ist, dreht die Fußsohlen nach oben, damit die Knie noch weiter nach unten kommen. Zum Schluss Knie hochziehen und Beine wieder ausstrecken.

Teil 2

Übungen

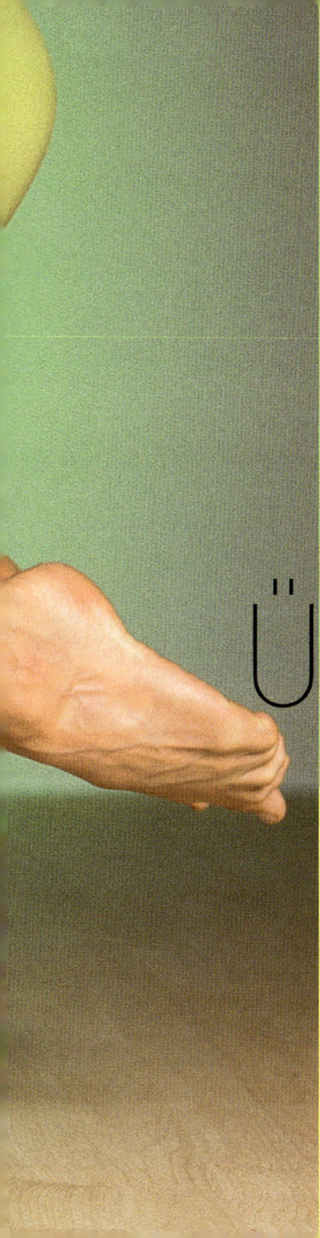

Die folgenden Positionen werden Ihnen helfen, Ihre innere Stärke und Vitalität zu entdecken. Arbeiten Sie sich langsam vor! Machen Sie sich zuerst mit den einzelnen Anleitungen vertraut. Später geht es vor allem um einen harmonischen, entspannten Bewegungsablauf.

Seitwärtsdehnung
Im Stehen

Diese unspektakuläre, aber wirkungsvolle Dehnübung für den Oberkörper stärkt die Haltungs- und Atemmuskulatur, regt die Zwerchfellatmung an und verbessert die Konzentration.

1 Aufrecht stehen, Füße hüftbreit auseinander. Die Schultern sind entspannt, die Arme hängen locker herunter. Geradeaus nach vorn blicken und ruhig atmen.

2 Einatmen und dabei den rechten Arm von der Schulter aus nach außen drehen, d.h., dass sich der ganze Arm dreht und die Handfläche nach außen zeigt.

3 Weiter einatmen und Arm ausgestreckt über die Seite zum Kopf führen. Zwei-, dreimal ein- und ausatmen, Beine gleichmäßig belasten.

Gestreckter
Arm nach
oben und zur
Seite

Zwischen
Hüfte und
Rippen
strecken

Gewicht
gleichmäßig
auf beide
Beine verteilt

4 Mit dem Ausatmen gestreckten Arm nach links ziehen, Kopf geht mit. Rechten Fuß fest aufsetzen, um die Balance zu halten. Kurze Zeit halten und bei jedem Ausatmen zwischen der rechten Oberkante der Hüfte und den Rippen die Dehnung vergrößern. Einatmen, Arm wieder senkrecht halten und beim Ausatmen senken. Das Ganze mit der linken Seite wiederholen.

ALTERNATIVE

Im Sitzen rechten Arm seitlich zum Kopf führen. Mit der linken Hand am Stuhl festhalten und nach rechts lehnen, gleichzeitig rechten Arm nach links strecken. Mehrere Atemzüge lang halten. Mit links wiederholen.

Blitz

Diese belebende Übung kräftigt Rücken- und Bauchmuskulatur und fördert die Beweglichkeit der Hüften, Knie und Fußknöchel. Außerdem sorgt sie dafür, dass die Beine jung und stark bleiben.

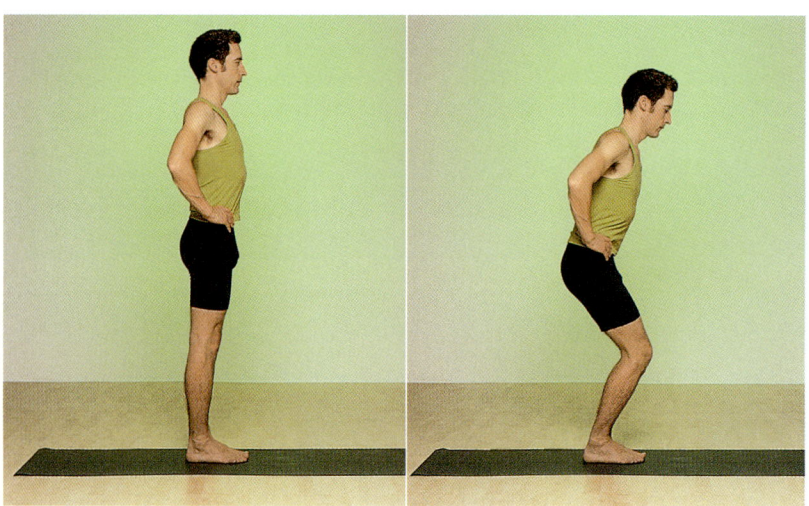

1 Stellen Sie sich mit den Füßen nebeneinander hin und stützen Sie die Hände auf die Hüfte. Blicken Sie geradeaus nach vorn, Brustbein etwas angehoben, und atmen Sie tief ein und aus.

2 Beim Ausatmen Knie anwinkeln und »hinsetzen«: Steißbein anziehen, Rücken gerade lassen, Kopf und Rumpf bilden eine Gerade. Tief durchatmen.

Schultern
entspannt

Steißbein
nach
unten
ausrichten

Fersen fest auf
den Boden
pressen

**Wenn es Ihnen schwer fällt,
die Arme mit aneinander
gelegten Händen gestreckt
zu halten, verschränken Sie
Mittel-, Ring- und kleinen
Finger.**

Beim Einatmen Arme schwungvoll
über die Seiten zum Kopf führen,
Handflächen aneinander legen. Bewegen Sie die Hüfte vor und zurück und
strecken Sie sich mithilfe der Wirbelsäule und der Arme nach oben.
Mehrere Atemzüge lang halten. Zum
Abschluss einatmen, Beine strecken
und Arme senken.

VORSICHT

- Bei Rückenschmerzen besonders vorsichtig vorgehen!
- Bei Bluthochdruck oder Herzleiden Hände auf der Hüfte
lassen und die Stellung nur kurz halten.

Komplette Hocke

Hier geht es um die negativen Folgen unserer überwiegend sitzenden Lebensweise. Die Übung fördert die Beweglichkeit der Hüfte, Knie und Fußknöchel. Außerdem wird dabei die Wirbelsäule gestreckt.

1 Aufrecht stehen, Füße hüftbreit auseinander. Arme nach vorn ausstrecken und normal atmen.

2 Beim Ausatmen Knie beugen und langsam »hinsetzen«. Der Rücken bleibt gerade. Sollten sich Ihre Fersen vom Boden heben, festes Polster unterlegen.

3 Weiter »absetzen«, die Knie bleiben oberhalb der Füße, bis Sie hocken. Steißbein »los«lassen, Brustbein leicht heben und normal atmen.

4 Als Steigerung Finger verschränken und Handinnenflächen nach oben strecken. Ruhig weiteratmen. Zum Abschluss tief einatmen, Fersen fest auf den Boden drücken, Beine wieder strecken und Arme herunternehmen.

Stets geradeaus nach vorn schauen

Brustbein leicht angehoben

Steißbein abgesenkt

VORSICHT

• Bei Rückenschmerzen behutsam vorgehen.
• Bei Arthrose in Knien oder Hüfte sowie bei starkem Übergewicht nach Schritt 2 aufhören oder Stuhl-Variante üben.
• Bei Bluthochdruck oder Herzleiden mit Schritt 3 aufhören.

ALTERNATIVE

Die Hände leicht auf Stuhllehne bzw. Tisch oder Sims legen, um beim »Setzen« und Wieder-Hochkommen das Gleichgewicht zu halten.

Vorwärtsbeuge

Eine beruhigende Übung zur Entspannung der Wirbelsäule: Füße fest auf dem Boden, beugen Sie sich nach vorn und bringen den Po hoch, um die Kniesehnen zu dehnen. Langsam wieder hochkommen.

1 Aufrecht stehen, Füße hüftbreit auseinander. Handflächen vor der Brust aneinander legen. Bauch einziehen und atmen. Spüren Sie, wie Sie »wachsen« und im Brustbereich weiter werden.

2 Beim Ausatmen Knie beugen und aus der Hüfte heraus bücken. Den Rücken möglichst gerade lassen.

3 Mit gebeugten Knien die Finger auf den Boden legen. Lassen Sie Ihre Wirbelsäule sich entspannen und strecken, während die Schwerkraft Ihren Kopf und Oberkörper nach unten zieht.

Hüfte bildet
eine Linie mit
den Füßen

Knie locker
lassen

Kopf nach unten
hängen lassen

Während Sie den Oberkörper
aus der Hüfte herabhängen lassen, stemmen Sie die Füße fest
auf den Boden und recken den
Po nach oben, um die Rückseite
der Beine zu strecken. Normal
atmen und die Dehnung kurze
Zeit halten. ▶

VORSICHT

• Bei Rückenschmerzen behutsam vorgehen, Knie immer
gebeugt lassen.
• Bei Bluthochdruck, Herzleiden, Glaukom oder Netzhautablösung die Variante von Seite 50 ausführen.

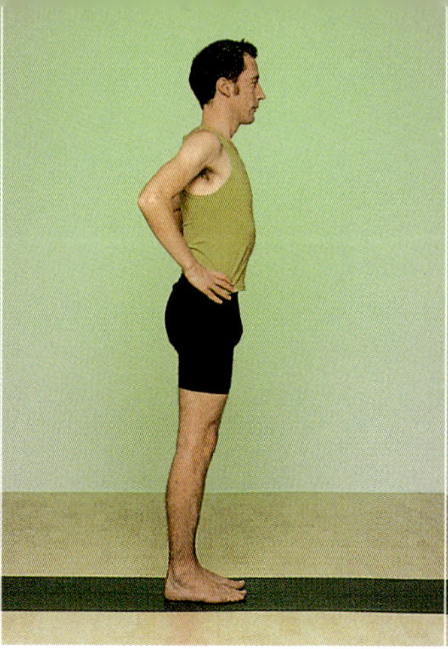

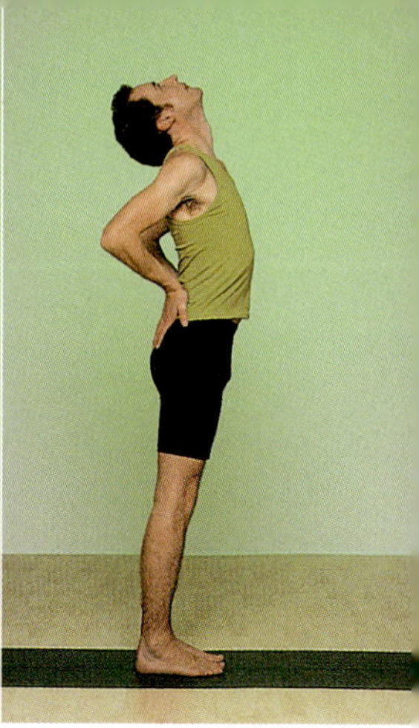

5 Knie wieder beugen und Hände auf die Hüfte legen. Während des Einatmens halb hochkommen, sodass Ihr Oberkörper parallel zum Boden ist. Ausatmen und die Streckung in der Wirbelsäule spüren.

6 Beim Einatmen durch Drehung im Hüftgelenk ganz hochkommen, der Rücken bleibt gerade. Beim Ausatmen die Beine strecken.

7 Hände hinten auf die Hüfte setzen. Beim Einatmen Rücken durchdrücken, indem Sie den Brustkorb öffnen und das Kinn Richtung Decke heben. Zwei Atemzüge lang so bleiben, dann wieder gerade stehen.

ALTERNATIVE

Bei Bluthochdruck, Herzleiden, Glaukom oder Netzhautablösung mithilfe eines Stuhls eine halbe Beuge nach vorn machen. Bauch leicht einziehen, Brustbein bleibt angehoben, Kopf und Wirbelsäule bilden eine Gerade. Über Wirbelsäule und Beine strecken. Beim Einatmen wieder hochkommen, Knie gebeugt und Rücken gerade.

Vorwärtsbeuge und
Hohlkreuz

Diese Kombination ist die ideale Büroübung für einen verspannten Rücken. Außerdem fördert sie das vollständige Ausatmen – Sie fühlen sich wie neugeboren und können sich wieder konzentrieren.

1 Aufrecht auf einen Stuhl setzen, Füße hüftbreit auseinander, Fußsohlen flach auf dem Boden. (Wenn nötig, ein Polster unter die Füße legen.) Hände auf die Kniescheiben legen. Atmen.

2 Tief einatmen. Beim Ausatmen den Kopf auf die Oberschenkel neigen, sodass Ihr Rücken rund wird.

3 Mit dem Einatmen Hände gegen die Knie drücken, den Kopf heben. Mit durchgedrücktem Kreuz hochkommen. Schritte in einer fließenden Bewegung beliebig oft wiederholen.

Dreieck

Diese Übung fördert die Stabilität der unteren Körperhälfte. Achten Sie auf Ihre Atmung, und spüren Sie die verjüngende Energie, die aus Ihrer Mitte in Arme, Beine und Wirbelsäule fließt.

1 Aufrecht stehen, die Füße weit gegrätscht (einen Meter oder mehr), die Handflächen vor der Brust aneinander. Einatmen und dabei Arme auf Schulterhöhe schwungvoll nach oben und außen führen. Schultern entspannt sinken lassen und Arme bis in die Fingerspitzen dehnen.

2 Linke Ferse nach außen drehen und rechtes Bein so weit im Hüftgelenk drehen, bis die Zehen zur Seite zeigen. Beim Ausatmen den Arm nach rechts ausstrecken und die linke Handfläche hinten auf die Hüfte legen. Einatmen und gegen den Rücken drücken.

3 Beim Ausatmen zur Seite strecken. Hand auf das Bein legen. Nach vorn sehen. Hand in Richtung Fußaußenkante schieben, sodass sich das Becken öffnet, und mehrmals ein- und ausatmen. Streckung in Wirbelsäule und Brustkorb spüren.

Linke Hand nach oben strecken

Brustkorb und Becken weit geöffnet

Knie und Zehen bilden eine Gerade

4 Gleichgewicht halten, linke Hand nach oben führen. Kopf drehen und zur Hand schauen, Kopf und Wirbelsäule bilden eine Gerade. Mehrere Atemzüge so bleiben. Zum Schluss Außenkante des linken Fußes auf den Boden pressen und beim Einatmen wieder nach oben kommen. Hände vor der Brust zusammenlegen, Fußspitzen nach vorn drehen. Nach links wiederholen.

VORSICHT
• Bei Bluthochdruck oder Herzleiden nur bis Schritt 3 üben. • Bei Rückenproblemen behutsam vorgehen. • Bei Nackenproblemen nicht zur Hand hochschauen.

Krieger
seitwärts

Die traditionelle Übung kräftigt die Bein- und Pomuskulatur und macht die Hüften geschmeidig. Genau das Richtige, um stark und selbstsicher, ausgeglichen und konzentriert aufzutreten.

1 Aufrecht stehen, Füße nebeneinander, Handflächen zusammen, die Daumen berühren das Brustbein. Spüren Sie, wie sich der ganze Körper beim Einatmen aufrichtet.

2 Die Beine weit grätschen (einen Meter oder mehr), die Zehen zeigen geradeaus. Fußaußenkanten nach unten drücken und spüren, wie sich die Oberschenkelknochen nach außen drehen. Steißbein anziehen. Ruhig atmen.

VORSICHT
- Bei Bluthochdruck oder Herzleiden nur kurz in der Position bleiben.
- Bei Rückenschmerzen behutsam vorgehen.

3 Mit dem Einatmen Arme zu den Seiten ausstrecken, Schultern locker fallen lassen. Mit dem Gewicht auf dem linken Fußballen Ferse leicht nach außen drehen. Mit einer Drehung der rechten Ferse rechtes Bein nach außen drehen, sodass die Zehen zur Seite zeigen. Einige Atemzüge lang halten und auf das Gleichgewicht achten.

Oberkörper aus den Hüften heraus nach oben gestreckt

Knie bleibt oberhalb der Ferse

4 Linkes Bein gestreckt halten. Rumpf bleibt aufrecht. Beim Ausatmen rechtes Knie seitwärts beugen. Hüfte absenken und am rechten Arm entlangblicken. Weiteratmen. Rechtes Bein beim Einatmen strecken und zu Schritt 2 zurückkehren. Nach links wiederholen.

Fußaußenkante fest auf dem Boden

Springender
Krieger

Hier wird nicht nur das nach hinten gestreckte Bein stark gedehnt, auch die Wirbelsäule wird gestreckt und die Brust weit. Spüren Sie beim tiefen Atmen die Vitalität dieser Haltung!

1 Kommen Sie auf alle viere, die Knie unterhalb der Hüfte und die Füße hüftbreit auseinander. Drücken Sie die Handflächen auf den Boden und strecken Sie die Arme, wobei die Schultern locker bleiben. Atmen Sie einige Atemzüge tief ein und aus.

2 Beim Einatmen mit dem rechten Fuß einen Ausfallschritt zwischen die Hände machen (evtl. auf die Fingerspitzen kommen). Linken Fuß mit dem Ballen aufsetzen, das rechte Knie befindet sich oberhalb der Ferse. Den Oberkörper dehnen und geradeaus blicken.

VORSICHT
- Bei Rückenproblemen Übung nur bis Schritt 2 absolvieren.
- Bei Herzproblemen die Endstellung (Schritt 4) nicht zu lange halten.

3 Lassen Sie aus Hüfthöhe die Vorderseite der linken Hüfte nach vorn und unten sinken. Bringen Sie die Hände auf den rechten Oberschenkel und richten Sie den Oberkörper langsam aus der Hüfte heraus auf, drücken Sie dabei die linke Ferse nach hinten und lassen Sie das linke Knie gerade eben über dem Boden schweben. (Wenn das zu schwierig ist, Knie auf dem Boden lassen.) Tief in die unteren Rippen atmen.

Knie bleibt über dem Fußgelenk

Ferse nach hinten drücken

4 Zum Schluss linkes Knie wieder auf den Boden bringen und Hüften so nach hinten ziehen, dass die Rückseite des rechten Beins gedehnt wird. Hände und den rechten Fuß zurücknehmen und auf alle viere kommen. Mit links wiederholen.

Baum

Gleichgewichtsübungen wie diese können helfen, auch im Alltag eine innere Balance herzustellen. Bei der Verlagerung des Gewichts auf die Standfestigkeit achten!

1 Aufrecht stehen, Arme hängen herab. Gewicht auf links verlagern und rechte Fußsohle an die Innenseite des linken Unterschenkels führen. Linken Fuß fest im Boden »verwurzeln«.

2 Rechten Fuß innen an den linken Oberschenkel bringen; das Knie ist nach außen gedreht. Wenn Ihnen das nicht gelingt, lassen Sie den Fuß so wie in Schritt 1.

3 Bringen Sie die Handflächen vor der Brust zusammen. Blicken Sie nach vorn und atmen Sie gleichmäßig. Lassen Sie das Steißbein locker und heben Sie das Brustbein an.

4 Wenn Sie im Gleichgewicht sind, strecken Sie die Hände über den Kopf. Atmen Sie normal und lassen Sie alle Spannung los, dabei in der Haltung bleiben und geradeaus blicken. Beim Ausatmen Hände vor die Brust bringen und beim nächsten Ausatmen den rechten Fuß wieder zum Boden führen. Mit links wiederholen.

Hüfte waagerecht halten, nicht zur Seite drehen

Knie nach außen und Hüfte nach vorn ausgerichtet

ALTERNATIVEN

Bei Gleichgewichtsproblemen: Eine Wand fixieren oder beim Ausbalancieren an einem Stuhl festhalten. Bei Hüft- oder Knie-Arthrose oder Rückenproblemen die im Foto oben gezeigte Variante probieren oder Fuß lediglich an die Wade bringen (s. Schritt 1).

Halbmond

Eine Gleichgewichtsübung für Fortgeschrittene, die kräftige Beine, einen starken Rücken sowie eine geschmeidige Hüfte erfordert. Ein Holzblock und die Wand helfen beim Ausbalancieren.

1 An die Wand stellen, linker Fuß nach innen gedreht, rechter parallel zur Wand; der Holzblock sollte griffbereit in der Nähe des rechten Fußes stehen.

2 Beim Ausatmen rechtes Knie beugen, mit dem linken Fuß einen kleinen Schritt nach innen machen, die rechte Hand auf den Holzblock und die linke vorn an die linke Hüfte legen.

VORSICHT
- Bei Rückenschmerzen: Übung auslassen, wenn sie Beschwerden hervorruft.
- Bei Nackenproblemen: In Schritt 4 weiter geradeaus blicken.
- Bei Bluthochdruck oder Herzleiden: Linke Hand auf der Hüfte lassen.

3 Während Sie das rechte Bein gerade durchdrücken, das linke parallel zum Boden heben. Einatmen, dabei fest mit dem rechten Fuß auf den Boden drücken, Brustkorb weiten und linke Hüfte nach oben und hinten bewegen. Bauch entspannen.

4 Linken Arm nach oben strecken. Kopf drehen und zur linken Hand blicken. Halten Sie die Position mehrere Atemzüge lang, ohne sich an die Wand zu lehnen. Mit einem Einatmen das rechte Knie beugen und das linke Bein sinken lassen. Mit links wiederholen.

Bauch ent-
spannen

Knie und
Zehen bilden
eine Gerade

Fußinnen-
kante zeigt
zum Boden

Gewicht bleibt
auf dem Stand-
bein, nicht auf
dem Arm

Krähe

Diese Übung, bei der Arme und Handgelenke den Körper tragen, erfordert hohe Konzentration – physisch wie geistig. Beim Halten hilft die Vorstellung, Sie seien leicht wie ein Vogel.

1 Gehen Sie in die Hocke – entweder über die »komplette Hocke« (Seite 46) oder kommen Sie auf alle viere. Füße und Knie sind schulterweit auseinander. Bringen Sie die Arme vor die Knie und legen Sie die Hände mit gespreizten Fingern auf den Boden, die Ellbogen sind etwas gebeugt und zeigen nach außen.

VORSICHT
• Bei Rückenschmerzen: Übung abbrechen, wenn es wehtut.
• Bei Bluthochdruck oder Herzleiden: Schritt 3 nur kurz halten.
• Bei Arthrose in den Handgelenken, Glaukom oder Netzhautablösung: Nach Schritt 2 aufhören.

2 Mit den Augen einen Punkt auf dem Boden fixieren. Tief einatmen. Auf die Zehenspitzen gehen. Beim Ausatmen das Gewicht nach vorn verlagern. Mehrmals wiederholen, um herauszufinden, wann und wo Sie im Gleichgewicht sind.

3 Die Füße vom Boden heben, evtl. einen nach dem anderen. Die Hände fest auf den Boden drücken. Mehrere Atemzüge lang halten. Beim Ausatmen in die Ausgangsposition zurückkommen.

Füße zusammen und Hüfte heben

Die Knie liegen an den Oberarmen

Katze

Ein alter Spruch besagt: Der Mensch ist so jung wie seine Wirbelsäule.

»Katzbuckeln« hilft, Ihren Rücken stark und flexibel zu halten. Achtung:

Die Bewegung beginnt am Steißbein.

1 Kommen Sie auf alle viere, die Knie unterhalb der Hüften. Schultern, Ellbogen und Handgelenke bilden eine Senkrechte, die Finger sind gestreckt. Die Innenseiten der Ellbogen zueinander drehen, die Arme so strecken, dass die Schultern möglichst weit vom Kopf entfernt sind. Von den Hüften bis zum Hinterkopf bildet der Rücken eine entspannte Gerade. Normal atmen.

VORSICHT
- Bei Knieproblemen ein gefaltetes Handtuch unterlegen.
- Wenn Sie Probleme mit dem Rücken haben, üben Sie behutsam.

2 Tief einatmen, langsam Steißbein nach oben und Brustbein nach vorn schieben, sodass die Wirbelsäule ins Hohlkreuz fällt. Den Kopf heben und nach vorne schauen.

Steißbein nach oben schieben

Wirbelsäule lang gekrümmt

Brustbein aufgerichtet

3 Langsam ausatmen, dabei Steißbein nach unten schieben und den Bauch nach oben drücken, sodass sich die Wirbelsäule nach und nach immer mehr zu einem Katzenbuckel wölbt, den Kopf senken. Beim Einatmen zurück zu Schritt 2. Bis zu zehnmal wiederholen.

Steißbein nach unten schieben

Oberen Rücken rund machen

Bauch nach oben ziehen

Katzen-
Balance

Diese Gleichgewichtsübung mit diagonaler Streckung fördert die Stabilität der Hüft- und Schultergelenke. Der Rücken soll waagerecht bleiben (nicht schräg zur Seite hängen).

1 Kommen Sie auf alle viere, die Knie in einer Linie unter der Hüfte. Schultern, Ellbogen und Handgelenke bilden eine Senkrechte, die Finger sind gespreizt, Innenseiten der Ellbogen zueinander gedreht. Schultern nach unten ziehen und dabei die Arme durchstrecken. Der Rücken bildet zwischen Hüfte und Hinterkopf eine entspannte Gerade. Ruhig atmen.

2 Bauch Richtung Wirbelsäule einziehen und mit dem Einatmen den rechten Arm heben, in Schulterhöhe nach vorn strecken. Kurz innehalten, dann beim Ausatmen wieder senken. Nun das Gleiche mit dem linken Arm. Das Ganze mehrmals wiederholen. Ruhig atmen.

3 Bauch einziehen und einatmen, das rechte Bein
nach hinten strecken, die
Zehen zeigen weg vom
Körper, das Becken waa-
gerecht halten. Kurz hal-
ten, beim Ausatmen das
Bein senken. Nun das
Gleiche mit dem linken
Bein. Das Ganze mehr-
mals wiederholen. Atmen.

4 Bauch einziehen. Rechten Arm und linkes Bein mit dem Einatmen heben. Halten, dann beide beim Ausatmen wieder
senken. Das Gleiche mit dem linken Arm
und dem rechten Bein. Mehrmals wiederholen, dann in der »Kind«-Haltung ausruhen (Seite 94). Ruhig atmen.

Schulterblätter
zueinander
ziehen

Becken
waagerecht

Bauch zur
Wirbel-
säule
ziehen

Katzen-Kreise

Hier wird das Gleichgewichthalten mit Beinbewegungen kombiniert. Die Hüftgelenke bewegen sich frei, die dazugehörigen Muskeln werden gekräftigt. Die Beckenregion bekommt Aufmerksamkeit und Energie.

1 Kommen Sie auf alle viere (s. »Katze«, Seite 64). Bauch zur Wirbelsäule einziehen und beim Einatmen rechtes Knie nach vorn zur Brust ziehen. Nach unten blicken.

2 Einatmen und mit angespannten Bauchmuskeln einen Kreis beginnen, indem Sie das rechte Knie zur Seite führen; Hüfte möglichst waagerecht halten und weiter nach unten blicken.

VORSICHT

Bei Gelenk-Arthrose: Die Übung darf keine Schmerzen verursachen. Falls sie das doch tut, unterbrechen Sie das Training.

3 Beim Ausatmen Knie weiter im Kreis nach außen und hinten führen, bis es direkt hinter Ihnen ist und eine Gerade mit der Hüfte bildet. Zehen zeigen nach oben.

Rücken gerade

Schultern waagerecht

Linkes Knie und linke Hüfte bilden eine Senkrechte

4 Beim Einatmen Knie nach vorn führen, um den Kreis zu vollenden. Das Ganze mehrmals wiederholen: Die Kreisbewegung soll fließend und gleichmäßig sein, wobei sich Schultern und linke Hüfte nicht bewegen. Alles mit dem linken Bein wiederholen.

Hund
(nach unten)

Diese Umkehrhaltung, bei der Sie sich vom Fingeransatz bzw. von den Fersen zu den Sitzknochen hin dehnen, harmonisiert Ober- und Unterkörper und kräftigt zugleich Handgelenke, Arme und Beine.

1 Im Fersensitz, mit Knien und Füßen hüftbreit auseinander, beginnen. Die Hände nach vorn schieben und die Finger spreizen.

2 Auf alle viere kommen: Hände schulterweit auseinander und weiter vorne als die Schultern. Die Zehen aufstellen. Mehrmals ein- und ausatmen.

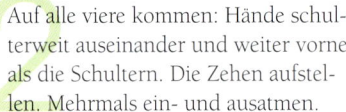

3 Tief einatmen. Das Becken nach oben kippen und beim Ausatmen Fingeransätze und Fußballen fest auf den Boden drücken, um die Knie anzuheben. Po nach hinten hochheben, dabei die Knie gebeugt lassen.

Wirbelsäule lang
machen

Becken nach hin-
ten hochbringen

Weiter mit Händen und Füßen
auf dem Boden abstützen, die
Wirbelsäule gerade machen.
Bauch einziehen und tief atmen,
dabei die Beine strecken und
die Fersen zum Boden dehnen.
Mehrere Atemzüge lang halten,
dann beim Ausatmen wieder
auf die Knie kommen und
entspannen.

Schultern zum
Rumpf ziehen

Hals und
Kopf ent-
spannen

ALTERNATIVE

Bei Bluthochdruck, Herzleiden, Glaukom
oder Netzhautablösung: Aus dem Stand
(Seite 18) in der Hüfte nach vorn abkni-
cken und Hände auf Sitz oder Lehne eines Stuhls legen. Beine gestreckt durchdrücken und die Wirbelsäule dehnen.

VORSICHT

Bei Rückenbeschwerden und/oder Problemen mit den Kniesehnen
die Knie in der Endhaltung gebeugt lassen.

Kobra

Diese Übung schenkt neue Energie: Beim Aufrichten wird die Wirbelsäule gedehnt, die Rückenmuskulatur gekräftigt und die Wirbelsäulenregion durchblutet, der Brustkorb weitet sich.

1 Auf den Bauch legen, Stirn auf den Boden, Füße hüftbreit auseinander. Hände unterhalb der Schultern auf den Boden legen und Finger so spreizen, dass der Mittelfinger nach vorn zeigt. Ellbogen eng anlegen und Steißbein einziehen.

ALTERNATIVE

Bei Bluthochdruck, Herzleiden, Leistenbruch, Rücken- oder Nackenproblemen beginnen Sie mit den Unterarmen auf dem Boden, Hände seitlich am Kopf, Ellbogen abstützen, beim Einatmen Kopf und Schultern anheben. Beim Ausatmen wieder auf den Boden sinken.

2 Beim Einatmen die Stirn nach vorn schieben und dann Stirn, Nase, Kinn und Schultern aufrichten. Den Oberkörper mithilfe der Rückenmuskeln heben, die Hände dienen nur zur Unterstützung. Mit jedem Einatmen weiter aufrichten und die Brust beim Ausatmen nach vorn strecken, Hüfte auf dem Boden lassen. Spüren Sie die Biegung der Wirbelsäule. Position halten und geradeaus blicken. Beim Ausatmen den Körper wieder sinken lassen.

Nacken
lang

Schultern
nach hinten
senken

Steißbein
einziehen

3 Ein paar Atemzüge ausruhen: Der zur Seite gedrehte Kopf liegt auf den verschränkten Armen. Dann das Ganze einmal wiederholen.

VORSICHT
• Bei steifen Schultern oder einer Wirbelsäulenkrümmung im Halsbereich erst die Variante (links) probieren, danach die »Schlange« (Seite 74).
• Bei Arthrose im Nacken Kopf nicht in den Nacken legen.

Schlange

Diese Haltung bewirkt fast dasselbe wie die »Kobra«. Wenn Schultern und Taille steif sind, ist das Zurücknehmen der Arme eine besondere Hilfe. Richten Sie den Rücken ganz bewusst Wirbel für Wirbel auf.

1 Auf dem Bauch liegen, Stirn auf dem Boden, die Füße hüftbreit auseinander, Arme an den Seiten, Handflächen nach oben. Ruhig atmen.

2 Legen Sie die Arme auf den Rücken und verschränken Sie die Finger. Beim Einatmen den Kopf heben, die Schultern nach hinten ziehen und die Hände zu den Füßen ziehen.

VORSICHT
- Bei Rückenproblemen: Ganz behutsam vorgehen.
- Bei Nackenproblemen: Nicht nach oben sehen.
- Bei Bluthochdruck, Herzleiden oder Leistenbruch: Übung meiden.

3 Richten Sie sich mithilfe der Rückenmuskeln beim Einatmen noch höher
auf. Die Arme anheben, die Hände
ziehen weiter Richtung Füße. Geradeaus schauen und die Position mit
gleichmäßigen Atemzügen ein paar
Augenblicke halten.

Arme nach hinten
hochgestreckt

Steißbein
angezogen

Brustbein
aufgerichtet

4 Beim Ausatmen lang-
sam auf den Boden
sinken lassen. Kurz
entspannen: Den Kopf
zur Seite drehen und
auf die verschränkten
Arme legen. Das
Ganze einmal wieder-
holen.

Heuschrecke

Diese Übung stärkt die Lendenmuskulatur und dehnt die Vorderseite des Körpers. Wichtig: In der Endposition gleichmäßig atmen und nicht überanstrengen, um die Beine besonders hoch heben zu können.

1 Liegen Sie auf dem Bauch, Beine aneinander, Arme seitlich neben dem Körper, Handrücken nach oben, das Kinn berührt den Boden. Zur Vorbereitung mehrmals ein- und ausatmen.

2 Beim Einatmen rechtes Bein so hoch anheben, wie es noch angenehm ist, dabei die Hüfte auf dem Boden lassen. Oberkörper entspannen. Mehrere Atemzüge lang halten, beim Ausatmen Bein senken. Dasselbe links wiederholen und dann das Ganze noch einmal ausführen.

VORSICHT
Bei Bluthochdruck, Herzleiden, Wirbelsäulenproblemen, Magengeschwür oder Leistenbruch nach Schritt 2 aufhören!

3 Gehen Sie wieder in die Ausgangsposition und legen Sie die zu Fäusten geballten Hände in die Leistengegend.

4 Beim Einatmen Fäuste fest auf den Boden drücken, untere Rückenmuskeln anziehen und die gestreckten Beine schwungvoll heben; es ist in Ordnung, wenn Sie am Anfang vielleicht nur wenige Zentimeter hochkommen. Position so lange halten, wie es beschwerdefrei möglich ist.

Beine nach oben strecken

Fäuste stemmen sich gegen den Boden

5 Mit dem Ausatmen Beine wieder ablegen und mit zur Seite gedrehtem Kopf auf den verschränkten Armen ausruhen. Wiederholen.

Bogen

Hier ist der Körper wie ein gespannter Bogen gestreckt. Das fördert eine tiefe Atmung, ermöglicht der Lunge, ihre volle Kapazität zu nutzen, um Sauerstoff aufzunehmen, und hat eine verjüngende Wirkung.

1 Liegen Sie auf dem Bauch, Beine nebeneinander, die Arme an den Seiten. Zehen nach hinten strecken, die Schultern entspannen. Mehrmals atmen.

2 Knie anwinkeln und Füße zum Po ziehen. Nacheinander mit den Armen nach hinten greifen und die Fußgelenke umfassen. (Wenn Sie die Knöchel nicht greifen können, legen Sie hilfsweise einen Gurt um sie.)

VORSICHT

Bei Bluthochdruck, Herzleiden, Bruch oder Rückenschmerzen: Bei Schritt 3 aufhören und Position nicht halten; treten Beschwerden auf, Übung ganz weglassen.

3 Arme gestreckt lassen und beim Einatmen die Knie anheben und die Füße hochziehen, gleichzeitig Kopf und Schultern vom Boden heben. Beim Ausatmen kurz innehalten, beim folgenden Einatmen die Beine noch etwas höher ziehen.

4 Beine und Oberkörper mit jedem Einatmen weiter hochziehen, sodass die Wirbelsäule immer stärker durchgedrückt wird. Spüren Sie, wie Ihr Körper mit dem Atem vor- und zurückschaukelt. Wenn Sie sehr gelenkig sind, liegt nur noch der Bauch auf dem Boden; überanstrengen Sie sich aber nicht. Stellung mehrere Atemzüge lang halten, mit dem Ausatmen wieder sinken lassen. Beine loslassen und entspannen. Einmal wiederholen, etwas länger halten.

Füße so weit wie möglich vom Körper entfernen

Kinn hochstrecken

Arme gestreckt, Schultern locker

Sonnengruß

Diese Bewegungsfolge besteht aus Haltungen, die Sie bereits kennen, und harmonisiert den ganzen Körper. Wenn Sie diese Sequenz mehrmals ausführen, werden Sie sich um Jahre verjüngt fühlen!

1 Aufrecht mit Füßen nebeneinander stehen und die Hände vor der Brust aneinander legen. Schauen Sie geradeaus, atmen Sie mehrmals ein und aus, und richten Sie sich mit jedem Einatmen gerade auf.

2 Beim Ausatmen die Hände öffnen und die Arme senken, die Handflächen zeigen nach vorn.

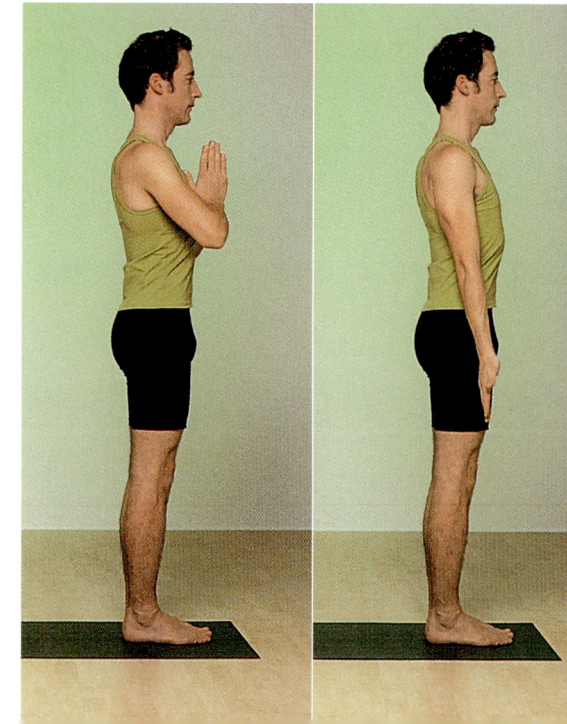

Handflächen
aneinander
gepresst nach
oben strecken

Vorderseite
des Körpers
aufrichten

Wirbelsäule
leicht durch-
drücken

3 Beim Einatmen die Arme seitlich nach oben führen, bis sich die Handflächen über dem Kopf berühren. Zu den Händen aufblicken und die Wirbelsäule leicht nach vorne drücken.

4 Beim Ausatmen die Knie beugen und aus den Hüftgelenken nach vorn beugen, bis die Handflächen auf dem Boden liegen (»Vorwärtsbeuge«, s. Seite 48).

5 Einatmen, dabei die Rückseite der Beine und die Wirbelsäule so strecken, dass der Oberkörper sich von den Oberschenkeln wegbewegt, Arme so gerade wie möglich halten. Zu Boden blicken. ▶

6 Beim Ausatmen die Knie beugen und mit dem rechten Fuß einen großen Schritt nach hinten machen. Weiter nach unten schauen.

7 Beim Einatmen den Oberkörper strecken und geradeaus nach vorn sehen, die Haltung des »Springenden Kriegers« einnehmen (Seite 56). Die rechte Ferse nach hinten strecken.

Becken bleibt
waagerecht

Ferse nach
hinten drücken

8 Beim Ausatmen den linken Fuß nach hinten stellen und die Position »Hund« (Seite 70) einnehmen. Die Arme, den Rücken und die Beine durchstrecken; wenn nötig, bleiben die Knie leicht gebeugt.

9 Das Ausatmen lange anhalten, dabei erst die Knie, dann den Oberkörper auf den Boden sinken lassen. Die Zehen lang machen, sodass der Fußrücken auf dem Boden liegt.

10 Einatmen und die »Kobra«-Haltung (Seite 72) einnehmen. Den Oberkörper strecken, das Brustbein nach vorn anheben. Die Schultern nach unten zurückziehen und geradeaus blicken. ▶

Sitzknochen
nach oben
und hinten
ausgerichtet

11 Zehen nach vorn ziehen, beim Ausatmen den Po heben und wieder die Stellung »Hund« einnehmen. Zwei oder drei Atemzüge lang halten, die Knie notfalls beugen.

Schultern zum
Oberkörper ziehen

Innere Armbeugen
zueinander gedreht

12 Beim Einatmen den rechten Fuß nach vorn zwischen die Hände setzen und wieder in den »Springenden Krieger« kommen. Geradeaus nach vorn blicken.

13 Beim Ausatmen linken Fuß nach vorn neben den rechten setzen und in eine angenehme »Beuge vorwärts« mit gebeugten Knien gehen. Den Oberkörper eng an die Oberschenkel drücken.

14 Einatmen und zum Stehen kommen, die Knie gebeugt, den Rücken gerade lassen. Die Arme in einer Kreisbewegung anheben und Handflächen über dem Kopf aneinander legen; Beine durchstrecken.

15 Beim Ausatmen Hände vor der Brust zusammenbringen und geradeaus blicken. Gleichmäßig atmen. Den »Sonnengruß« auf der linken Seite wiederholen und ihn somit komplettieren.

ALTERNATIVE

Ob Sie sich mit den Fingerspitzen statt mit den Handflächen abstützen, z. B. wenn Sie rückwärts oder vorwärts die Haltung des »Springenden Kriegers« einnehmen (Schritte 7, 12), hängt von Ihrer Gelenkigkeit ab. Gegebenenfalls können Sie in dieser Haltung das hintere Knie auf dem Boden lassen.

Schulterstand
gegen die Wand

Bei dieser Umkehrhaltung werden die Gesetze der Schwerkraft auf den Kopf gestellt! Das ist erholsam und schenkt innere Ruhe und Klarheit. Eine gefaltete Decke unter den Schultern hält den Hals frei.

1 Auf einer zum Quadrat gefalteten Decke so an eine Wand setzen, dass die linke Hüfte sie berührt. Gleichmäßig atmen.

2 Auf den Rücken drehen und die Beine an der Wand nach oben strecken; die Schultern liegen fast an der Kante der Decke.

3 Knie anwinkeln. Fußsohlen gegen die Wand stemmen, den Rücken dabei mit den Händen abstützen. Der Hals liegt vor der Decke.

VORSICHT

• Bei Bluthochdruck, Herzleiden, Netzhautablösung, Glaukom, Nackenproblemen, starkem Übergewicht oder während der Menstruation Variante von Seite 89 üben. • Bei niedrigem Blutdruck alle Umkehrpositionen ganz langsam beenden.

4 Gleichmäßig weiteratmen. Den Rücken weiter aufrichten. Darauf achten, dass der Hinterkopf gerade auf dem Boden aufliegt. Ein Bein von der Wand nehmen und nach oben strecken. Bei Beschwerden im Nacken in die Ausgangsposition gehen und einen Yogalehrer um Rat fragen.

5 Auch das andere Bein nach oben ausstrecken und in den Schulterstand kommen, dabei ruht Ihr Gewicht auf Schultern und Oberarmen. Die Hände am Rücken weiter Richtung Schultern schieben, fest auf die Oberarme stützen und Oberkörper und Beine hochstrecken. Normal atmend die Position etwa 30 Sekunden lang halten; mit zunehmender Erfahrung können Sie diese Zeit nach und nach verlängern. ▶

Körper aufrichten

Schultern auf Höhe der Decke

Ellbogen in einer Linie mit den Schultern

6 Das linke Knie beugen und wieder mit der linken Fußsohle an der Wand abstützen. Die Wirbelsäule bleibt gestreckt, während Sie den Rücken weiter mit den Händen stützen.

7 Das rechte Knie beugen und den rechten Fuß an die Wand stellen. Normal atmen und die Wirbelsäule langsam auf den Boden bringen, dabei weiter den Rücken abstützen.

8 Wenn der Po auf dem Boden liegt, Arme an die Seiten bringen. Einige Atemzüge lang die Beine an der Wand ausgestreckt lassen.

9 Einatmen, dabei die Knie zur Brust ziehen und sich auf die Seite rollen. Bleiben Sie einen Augenblick so, dann aufsetzen.

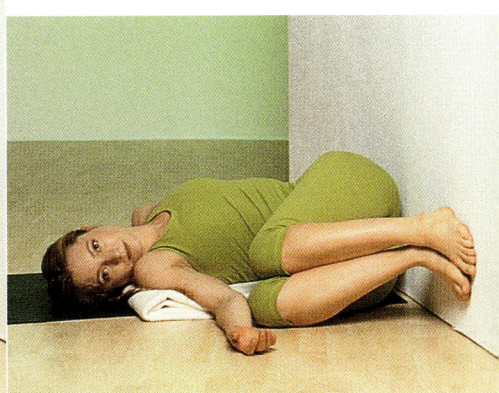

ALTERNATIVE

Das Liegen mit an der Wand hochge-streckten Beinen ist die einzige erlaubte Umkehrübung bei Bluthochdruck, Herz-leiden, Netzhautablösung, Glaukom, Nackenproblemen oder Übergewicht. Die Übung ist während der Menstruation empfehlenswert, um Verkrampfungen im Unterleib zu lindern.

Voller Schulterstand

Falls Ihnen der Schulterstand gegen die Wand leicht fiel, probieren Sie diese Version aus. In der Endhaltung geht es darum, sich mithilfe der Wirbelsäule in die Höhe zu strecken. Atmen Sie tief ein und aus.

1 Legen Sie sich auf den Rücken, Knie angewinkelt und Arme am Körper. Handflächen nach unten. Der Hinterkopf sollte gerade liegen.

2 Einatmen. Knie zur Brust ziehen. Arme auf den Boden drücken. Becken schwungvoll nach oben bringen; Hände an die Hüfte legen, um das Becken zu stützen. Ausatmen.

3 Hände an den Rücken legen, Oberarme am Boden. Hände gegen den Rücken drücken, um das Gewicht auf Ihre Schultern zu verlagern. Achten Sie darauf, dass der Hals entspannt bleibt.

VORSICHT
- s. a. »Schulterstand gegen die Wand« (Seite 86).
- Eine Decke unter dem Schultergürtel entlastet die Halswirbelsäule.

Beine
hochgestreckt

Schultern und
Oberarme
halten das
Gewicht

Hinterkopf
liegt mit
der Mitte
auf

4 Oberarme und Ellbogen auf den Boden drücken, die Hände Richtung Schultern herunterziehen. Langsam die Beine zur Decke strecken und die Ellbogen enger zusammenbringen. Gleichmäßig weiteratmen. Anfänger sollten die Position nicht zu lange halten.

5 Ausatmen, die Knie anwinkeln, zum Kopf ziehen und den Rücken abrollen, unterstützen Sie sich dabei mit den Händen. Und eventuell ist es einfacher, wenn Sie beim Abrollen Kopf und Schultern etwas anheben.

6 Rollen Sie weiter nach vorn und setzen Sie sich auf, legen den Kopf auf die Knie und entspannen. Oder Sie entspannen für einige Atemzüge im Liegen.

Pflug

Beim »Pflug« werden Wirbelsäule und die Beine stark gedehnt. Sie können die Übung im Anschluss an einen »Schulterstand« (Seite 90)
machen oder, wie hier, allein für sich. Den Nacken nicht überstrecken.

1 Auf den Rücken legen,
Knie gebeugt, Füße
hüftbreit auseinander,
Arme neben dem Kör-
per, die Handflächen
nach unten. Mehrmals
ein- und ausatmen.

2 Einatmen. Knie zur
Brust ziehen. Arme auf
den Boden drücken.
Becken nach oben
bringen. Hände an
die Hüfte legen, um
das Becken abzustüt-
zen. Ausatmen.

3 Hände an den Rücken
bringen, die Oberarme
bleiben auf dem Bo-
den, wie beim »Schul-
terstand« (Seite 90).
Gewicht auf den
Schultergürtel verla-
gern. Darauf achten,
dass der Nacken nicht
verspannt ist. Beine
nach hinten über den
Kopf strecken.

VORSICHT

Es gilt das Gleiche wie für »Schulterstand gegen
die Wand« (Seite 86). Den Nacken gerade lassen.

4 Mit den Zehenspitzen zum Boden kommen, die Hände stützen den Rücken. Die durchgedrückten Beine strecken und den aufgerichteten Rücken dehnen.

5 Auf die Zehenspitzen stellen. Arme hinter dem Rücken auf dem Boden ausstrecken, die Finger ineinander verhaken. Weiteratmen. Als Anfänger die Position nur kurz halten. Beine beugen, Rücken abstützen und wie beim »Schulterstand« abrollen (Seite 90).

Po anheben

Ellbogen zusammenlassen

ALTERNATIVEN

Wenn Sie mit den Füßen nicht auf den Boden kommen, beugen Sie die Knie in Richtung Kopf. Oder Sie stellen einen Stuhl hinter Ihren Kopf und legen die Beine auf dem Sitz ab; auch dann den Rücken mit den Händen abstützen.

Kind

Diese erholsame Haltung fördert das Bewusstsein für den Atem, dehnt die Wirbelsäule und lenkt die Aufmerksamkeit nach innen. Als Bewegungsablauf durchgeführt, stärkt »Kind« Rücken- und Bauchmuskeln.

1 Setzen Sie sich auf die Fersen und blicken Sie nach vorn. Bringen Sie die Hände hinter den Rücken und umfassen Sie mit einer Hand das Gelenk der anderen. Wirbelsäule aufrichten. Einatmen.

VORSICHT

• Bei Bluthochdruck, Glaukom, Netzhautablösung oder Rückenproblemen die Stirn auf einen Polsterstapel legen oder vor einen Stuhl knien, Unterarme auf den Sitz und darauf den Kopf legen.
• Bei Epilepsie nicht vor- und zurückschaukeln.

2 Mit dem Ausatmen aus den Hüftgelenken über die Knie nach vorn beugen. Stirn auf den Boden legen. Bleiben Sie in der Haltung, dabei gleichmäßig und ruhig weiteratmen, oder setzen Sie sich beim Einatmen wieder auf und wechseln Sie mehrfach zwischen Schritt 1 und 2, ehe Sie sich in der vorgebeugten Haltung ausruhen. Zum Wiederaufrichten einatmen.

Atem in den hinteren Rippen spürbar

Nacken entspannt

ALTERNATIVEN

• Wenn Sie mit der Stirn nicht bequem auf den Boden reichen, Ihre Fäuste (s. Bild links) oder ein Polster darunter legen.
• Wenn Ihr Po nicht auf die Fersen kommt: Ein Kissen zwischen Po und Fersen legen.
• Besonders entspannend ist die »Kind«-Haltung, wenn Sie sich mit zur Seite gedrehtem Kopf auf eine Rolle legen.

Dehnungs-
sequenz im Sitzen

Diese Folge von einfachen Dehnübungen macht den Atem bewusst.

Durch die Zwerchfellatmung werden Sie wach und munter. Bei der

Wiederholung sollten Sie die Beine andersherum kreuzen.

1 Im Schneidersitz Hände auf die Knie legen. Geradeaus nach vorn blicken. Die Schultern nach unten zurückziehen. Ruhig atmen.

2 Hände hinter den Rücken legen, die Finger zeigen vom Körper weg. Zurücklehnen und Brustbein aufrichten. Schräg nach oben blicken. Drei Atemzüge machen. Nach vorn kommen, die Schultern wieder zurückziehen.

VORSICHT
• Bei Rückenproblemen Schritt 3 oder die ganze Übung auslassen.
• Bei Bluthochdruck oder Herzleiden Schritt 5 nur einen Atemzug lang halten.

3 Hände mit den Handflächen nach unten vor sich legen und so weit nach vorn schieben, wie es angenehm ist. Den Rücken strecken. Kopf neigen und dreimal tief einatmen.

Aus der Wirbelsäule heraus strecken

Aus den Hüftgelenken nach vorne beugen

4 Beim Einatmen aufrichten. Hände wieder auf die Knie legen und Schultern wieder nach unten ziehen.

5 Finger verschränken und beim Einatmen die Arme über den Kopf strecken. Drei Atemzüge lang halten.

6 Arme sinken lassen. Schultern nach unten zurückziehen, eine Weile ruhig atmend sitzen bleiben.

Drehung
im Sitzen

Die Übung fördert Brustatmung, die Beweglichkeit der Wirbelsäule und löst Verspannungen im Hals- und Schulterbereich. In der Endhaltung Augen schließen und sich auf die inneren Vorgänge konzentrieren.

1 Aufrecht mit gestreckten Beinen sitzen (falls nötig, auf einem Polster). Hände auf den Boden drücken und das Becken nach hinten schieben, sodass Sie auf den vorderen Sitzknochen sitzen. Beine durchdrücken.

2 Rechtes Bein anziehen, linken Fuß zur Außenseite der rechten Hüfte gleiten lassen. Rechten Fuß außen an den linken Oberschenkel stellen. Falls das zu schwierig ist, linkes Bein gestreckt lassen. Rechtes Schienbein noch näher ziehen, Rücken aufrichten.

VORSICHT
Bei Schritt 2 sollten beide Sitzknochen auf dem Boden (oder auf einem Polster) aufliegen.

3 Linken Arm ums rechte Knie, rechte Hand nach hinten auf den Boden legen. Beim Einatmen aufrichten. Beim Ausatmen nach rechts drehen. Bei jedem Atemzug wiederholen, sodass die Drehung stärker wird, die Wirbelsäule aber aufrecht bleibt. Zum Schluss Kopf drehen. Bis zu zwei Minuten entspannt, aber konzentriert halten. Zum Abschluss wieder nach vorn blicken. Das Ganze mit Linksdrehung wiederholen.

Schultern waagerecht

Brustbein aufgerichtet

Hüfte locker nach unten

4 Linken Arm an die Außenseite des rechten Oberschenkels legen und Fingerspitzen beim Ausatmen nach unten strecken.

Atemübungen

Atemübungen machen die Atmung bewusst und tragen zur Harmonie von Geist und Körper bei. Das hilft, innerlich zur Ruhe zu kommen – auch als Vorbereitung auf die Meditation (Seite 106).

Atemtechniken sollen einen gleichmäßigen Fluss der Lebensenergie in unserem Körper und damit Gelassenheit und geistige Klarheit ermöglichen. Sie stärken die Atemmuskulatur und befreien die Atemwege. Man macht sie meist im Anschluss an Yoga- oder einfache Dehnübungen, die den Körper lockern, (Ver-)Spannungen abbauen und auf die Stille während der Atemübungen vorbereiten. Das Bewusstsein für den Atem fördert die Aufmerksamkeit für Gedanken, Gefühle und Verhaltensmuster.

Atmen mit Summton

Hörbares Atmen macht uns das Fließen unseres Atems bewusst. Es wird meist im Sitzen praktiziert und hilft, den Geist zu beruhigen und einen für die Meditation günstigen Zustand der Gelassenheit und Sammlung zu erreichen. Diese Atemtechnik kann auch zur Förderung der Konzentration während der Übungen angewendet werden.

Bequem in den Schneider- oder Fersensitz (Seite 19) setzen und durch den Mund atmen. Mit leicht verengter Kehle beim Einatmen »Ahhh« machen und beim Ausatmen ein seufzerähnliches »Haaa« ausstoßen.

Wenn Sie das zwanglos beherrschen, bilden Sie dieselben Töne mit geschlossenen Lippen. Kiefer locker lassen! Vielleicht hilft die Vorstellung, dass Sie durch ein Loch im Hals atmen. Normal atmen und dabei dem gleichmäßigen Fließen des Atems lauschen.

Tiefe Bauchatmung im Liegen

Diese Technik löst muskuläre Verspannungen und nervöse Anspannung. Spüren Sie den leichten Fluss Ihrer Atmung und die ruhige Wachheit Ihres Geistes nach Beendigung der Übung.

1 Auf den Rücken legen, die Knie nebeneinander angewinkelt, die Füße hüftbreit auseinander. Atem in einem gleichmäßigen Rhythmus fließen lassen. Spüren Sie, wie sich Ihr Bauch beim Atmen hebt und senkt. Konzentrieren Sie sich auf das Einatmen und lassen es etwas länger dauern als das Ausatmen.

2 Durch langsames Einziehen der Bauchmuskulatur Richtung Wirbelsäule während des Ausatmens immer vollständiger ausatmen; beim Einatmen den Bauch weit werden lassen. Mehrmals wiederholen. Bei jedem Ausatmen die Beckenmuskulatur anspannen.

3 Beim Einatmen Bauch- und Beckenbodenmuskulatur angespannt lassen, beim Ausatmen die Spannung verstärken. Spüren Sie beim Einatmen, wie die Luft in Ihren Brustkorb fließt. Mehrere Atemzüge lang wiederholen, Bauch und Beckenboden entspannen und dem Atem freien Lauf lassen.

Schein-Atmung

Diese Technik lenkt Ihre Aufmerksamkeit auf die Rolle des Zwerchfells. Eine ideale Übung zu Tagesbeginn und vor dem Meditieren, weil die Qualität der Atmung hinterher besonders gut ist. Es geht darum, erst vollständig auszuatmen, die Kehle zu schließen (als hielten Sie den Atem an) und dann die Rippen so vorzuwölben, als würden Sie einatmen (also ein scheinbares Einatmen). Üben Sie zuerst im Liegen. Wenn das erste Einatmen hinterher sehr heftig ist, probieren Sie bei Schritt 3 eine gemäßigtere Schein-Atmung. Die Technik ist zwar sehr einfach, aber arbeiten Sie sicherheitshalber mit einem Yogalehrer.

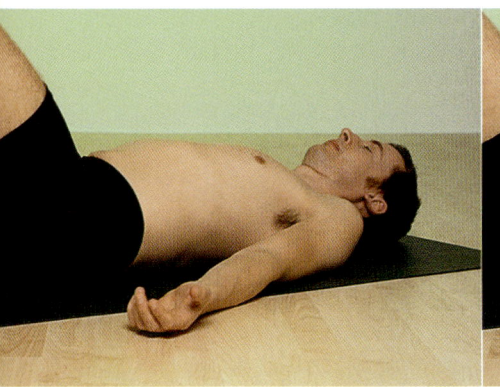

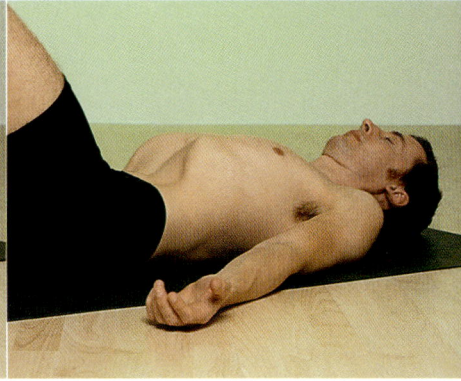

1 Auf den Rücken legen, Knie angewinkelt, die Arme seitlich vom Körper weggestreckt, Handflächen nach oben. Die Augen schließen und zu einer natürlichen, gleichmäßigen Atmung finden.

2 Tiefer einatmen und ausatmen und das Ausatmen verlängern. Dann tief einatmen, dabei den Brustkorb weiten und den Bauch vorwölben. Vollständig ausatmen, dabei die Bauchmuskulatur ganz einziehen.

VORSICHT

• Bei Bluthochdruck, einer akuten Entzündung oder Blutungen in der Bauchregion: Übung auslassen.
• Während der Menstruation vermeiden, denn das Baucheinziehen übt starken Druck auf die Organe des Unterkörpers aus.

ALTERNATIVE

Aufrecht stehen, Beine hüftbreit auseinander, Knie leicht gebeugt. Leicht vorbeugen, dabei den Rücken etwas rund machen. Hände an die Oberschenkel legen, die Ellbogen zeigen nach außen. Dann Schritte 2 bis 4 befolgen.

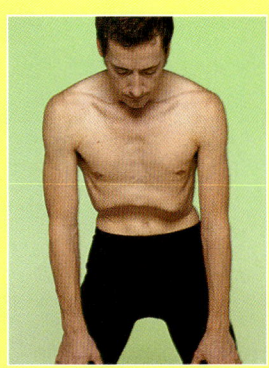

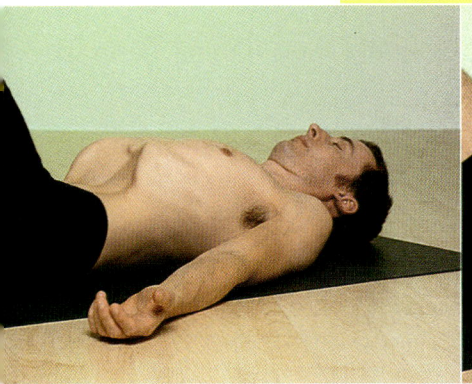

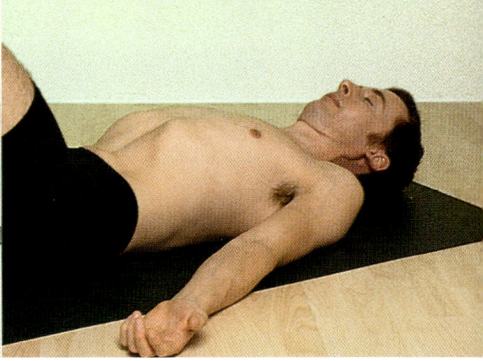

3 Ausatmen und Bauch locker lassen. Den Brustkorb weiten, ohne einzuatmen, und die Bauchmuskulatur nach oben unter die Rippen ziehen, sodass sich dort eine Höhlung bildet. Halten, bis Sie den natürlichen Drang zum Einatmen empfinden.

4 Zum Einatmen Brustkorb entspannen, Hals öffnen und unter leichtem Anspannen des Bauchs die Luft ruhig einströmen lassen. Das Ganze noch zweimal wiederholen, wobei Sie dazwischen jeweils etwas 20 Sekunden lang normal ein- und ausatmen.

Wechselseitige Nasenlochatmung

Sie bringt Ihren Energiefluss ins Gleichgewicht. Üben Sie die Technik, wie unten gezeigt. Danach probieren Sie Folgendes: Dreimal durchs linke Nasenloch ein- und ausatmen, dann dreimal durchs rechte. Dann drei Atemzüge lang links ein- und rechts ausatmen. Dann dreimal rechts ein- und links wieder ausatmen. Dann dreimal durch beide Nasenlöcher atmen, dabei die Aufmerksamkeit auf den Punkt zwischen den Augenbrauen richten. Zum Abschluss still sitzen und frei atmen.

1 Zeige- und Mittelfinger der rechten Hand anwinkeln. Mit dem Daumen das rechte Nasenloch, mit dem Ringfinger das linke zuhalten, dabei aber nur sanften Druck ausüben.

2 Durch das linke Nasenloch atmen, das rechte mit dem Daumen verschließen. Lassen Sie den Atem ungehindert fließen, mit einer natürlichen Pause zwischen Ein- und Ausatmen.

3 Beim Wechsel zum rechten Nasenloch das linke mit dem Ringfinger verschließen, dann den Daumen lösen. Um wieder durch das linke Nasenloch zu atmen, erst das rechte schließen, dann das linke öffnen.

Kühlender Atem

Im Yoga wird die Nasenatmung bevorzugt, doch beim »Kühlenden Atem« wird durch den Mund eingeatmet. Das Einziehen der Luft verursacht ein zischendes Geräusch und hinterlässt im Mund einen starken Kälteeffekt. Diese Auswirkungen beruhigen Geist und Körper. Um aufzuhören, schließen Sie nach einem Einatmen den Mund und atmen durch beide Nasenlöcher wieder aus.

Diese Atemübung tut gut, wenn Sie physisch oder emotional überhitzt sind. Die zwei Varianten der Zungenstellung werden unten beschrieben.

VORSICHT

• Da die einströmende Luft nicht in der Nase gefiltert werden kann, sollten Sie nur in guter Luft üben.
• Bei Asthma oder sonstigen Atembeschwerden sowie empfindlichen Zähnen diese Technik nicht anwenden.

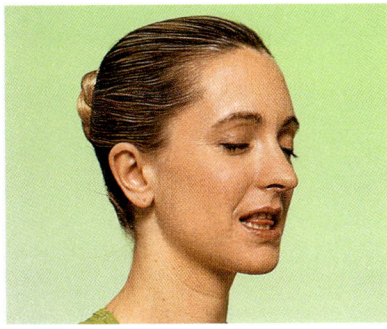

Mund leicht öffnen, Zähne leicht auseinander nehmen und Zunge dazwischen legen. Mit geschlossenen Augen langsam die Luft einsaugen. Dabei entsteht ein zischendes Geräusch, Zunge und Gaumen werden gekühlt.

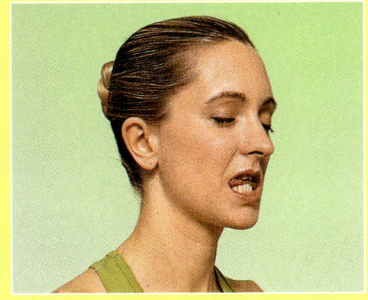

ALTERNATIVE

Bei dieser Abwandlung wird die Zunge eingerollt und an den Gaumen gelegt, dann langsam und tief durch die Zähne einatmen. Sie können die Abkühlung an Zunge, Zahnfleisch und Gaumen spüren.

Meditation

Regelmäßiges Meditieren verleiht neue Kräfte und trägt zur Wiederherstellung des inneren Gleichgewichts bei. Tagsüber verhilft es zu klarem Denken, nachts lässt es Schlaflose zur Ruhe kommen.

Sitzen Sie aufrecht und bequem. Lösen Sie die Spannungen in allen Bereichen des Körpers – Gesicht, Hals, Schultern, Oberkörper, Becken, Beine und Füße. Schließen Sie die Augen und lassen Sie den Atem gleichmäßig kommen und gehen. Geräusche und andere Sinneswahrnehmungen einfach »sein« lassen, ohne ihnen Beachtung zu schenken: Konzentrieren Sie sich auf Ihre Atmung. Spüren Sie beim Einatmen die Kühle an der Spitze Ihrer Nasenlöcher und beim Ausatmen die Wärme.

Anfänglich werden sich unvermeidlich Gedanken einstellen, Sinneswahrnehmungen werden Sie ablenken. Sie können Ihre Gedanken nicht auf Kommando abschalten – lassen Sie sie einfach zu, ohne ihnen besondere Aufmerksamkeit zu widmen: Nehmen Sie sie neutral wahr und lassen Sie sie weiterziehen, während Sie sich auf Ihren Atem konzentrieren. Lassen Sie sich nicht von einem Gedanken mitreißen.

Wenn Ihnen die Konzentration schwer fällt, benutzen Sie das Mantra »So Ham«. Es bedeutet »Ich bin das« (die universale Lebenskraft): Verin-

TIPPS

• Wählen Sie eine Zeit, zu der Sie mindestens 15 Minuten ungestört sind.
• Wählen Sie einen Ort (drinnen oder im Freien), der ruhig, sauber und warm ist.
• Wählen Sie eine Haltung (Schneider- oder Fersensitz oder auf einem Stuhl), in der Sie es längere Zeit aushalten können.

nerlichen Sie beim Einatmen »So«
und beim Ausatmen »Ham«.

Wenn Sie regelmäßig üben, werden
Sie feststellen, dass Sie auf das Beob-
achten des Atems oder auf das Mantra
verzichten können und einfach bewusst dasitzen und die Stille wahrneh-
men. Sie können einfach im Moment
»sein«, ohne jeden Gedanken an die
Zukunft oder Vergangenheit.

Wenn Sie diesen ruhigen, friedli-
chen Zustand erreicht haben, könnten

Sie sich drei Fragen stellen:
»Wer ist das Ich, das diese Stille
wahrnimmt/betrachtet?«

»Wie ist das Ich beschaffen, das
diese Stille wahrnimmt?«

»Wo befindet sich das Ich, das
diese Stille wahrnimmt?«

Hören Sie auf Ihre innere Stimme.
Vielleicht bemerken Sie, dass das
wahrnehmende Ich nicht Ihr eigenes
Ich ist, sondern ein »Bewusstseins-
zentrum« oder grenzenlose Energie.

Entspannung

Das Entspannen nach dem Üben gibt Körper und Geist Gelegenheit, die Auswirkungen der Haltungen positiv zu erfahren. Sie können die Techniken aber auch ohne vorheriges Üben anwenden.

Progressive Entspannung

Am besten entspannt man im Liegen. In dieser Position wird die Wirbelsäule am stärksten von der Schwerkraft entlastet. Probieren Sie die folgende Technik nach einer Yogasitzung oder immer dann, wenn Sie zehn oder 20 Minuten Zeit haben. Tragen Sie warme Kleidung oder decken Sie sich gegebenenfalls zu.

Legen Sie sich auf den Rücken, Knie leicht gebeugt, Füße hüftbreit auseinander, Arme zur Seite gestreckt, Handrücken auf dem Boden. Der Hinterkopf ruht mit seinem Mittelpunkt auf dem Boden. (Falls Nackenbeschwerden auftreten, ein Kissen unterlegen.) Die Arme bis in die Fingerspitzen strecken, dann Arme und Schultern locker lassen. Beine aus-strecken (außer bei Rückenproblemen). Zehen zu den Waden ziehen, dann loslassen, sodass Füße und Beine locker nach außen zeigen. Die Augen schließen.

Spüren Sie Ihren Hinterkopf und lassen Sie ihn »einsinken«. Die Augen hinter den Lidern fühlen sich schwer an. Kiefer locker lassen. Lächeln, das entspannt das Gesicht. Einmal schlu-cken und den Hals locker lassen. Rechte Hand entspannen, dann den rechten Arm, die rechte Schulter, die rechte Seite des Oberkörpers. Die rechte Hüfte, die rechte Pohälfte, das rechte Bein, den rechten Fuß. Dann die linke Seite entspannen: Hand und Arm, Schulter, linke Seite des Oberkörpers, linke Hüfte, Pohälfte, das Bein, den linken Fuß. Spüren, wie entspannt Ihr Körper ist, von der Taille bis zu den Füßen, von der Brust bis zu den Füßen, vom Scheitel bis zu den Sohlen.

Nehmen Sie Ihren Atem wahr. Beim Einatmen heben sich sanft Brust und Bauch, beim Ausatmen sinken sie wieder nach unten. Spüren Sie das Weitwerden und die Leichtigkeit beim Einatmen, das Gefühl des Loslassens beim Ausatmen. Dann spüren Sie nur noch das Ausatmen und Loslassen. Genießen Sie die Ruhe.

Wenn Sie dazu bereit sind, spüren Sie wieder den Boden unter sich. Nehmen Sie die Geräusche außerhalb des Raums wahr, dann innerhalb. Bewegen Sie Ihre Finger und Zehen.

Atmen Sie ein- oder zweimal tief ein, dann räkeln Sie sich, gähnen oder seufzen. Drehen Sie sich auf die rechte Seite. Lassen Sie die Augen noch ein paar Atemzüge lang geschlossen, dann setzen Sie sich langsam auf. Öffnen Sie die Augen.

Sekunden-Entspannung

Wenn Sie sich nicht hinlegen können, probieren Sie Folgendes: Augen schließen, mit den Zähnen knirschen, Schultern anspannen, Fäuste ballen, Po zusammenkneifen, Beine anspannen, Zehen anspannen. Bis drei zählen. Dann komplett loslassen. Zweimal wiederholen und normal atmen.

Teil 3

Programme

Die folgenden sieben Programme helfen Ihnen dabei, sich jung und lebendig zu fühlen. Besonders gut tut es, sich vorher zu sammeln und zu dehnen und hinterher zu entspannen, und optimal ist es, auch Atemtechniken und Meditation einzubeziehen.

① Für Herz
und Lunge

Durch diese Haltungen wird die zum Atmen benötigte Muskulatur gedehnt und gestärkt, und auch das Herz wird gekräftigt. Atmen Sie immer tief und gleichmäßig. Durch verschiedene Atemübungen (Seite 24 und Seite 100) können Sie Ihr Atembewusstsein schärfen, und Ihre Ausdauer können Sie mithilfe des »Sonnengrußes« (Seite 80) steigern.

① Dreieck (S. 52–53)

② Springender Krieger (S. 56–57)

3 Katze (S. 64–65)

4 Kobra (S. 72–73)

5 Hund nach unten (S. 70–71)

6 Voller Schulterstand (S. 90–91)

2 Für die
Verdauung

Diese Übungen dehnen, massieren und entspannen Ihre Bauchmuskeln – was dem Verdauungsapparat zugute kommt. Zur Ergänzung empfohlen: Schein-Atmung (Seite 102), Bauchatmung (Seite 101) und Entspannung (Seite 108). Dazu eine ausgewogene Ernährung und Esskultur und Sie werden optimal von diesem Programm profitieren!

1 Seitwärtsdehnung im Stehen (S. 42–43)

2 Vorwärtsbeuge (S. 48–49)

3 Halbe Heuschrecke (S. 76)

4 Bogen (S. 78–79)

5 Kind (S. 94–95)

6 Drehung im Sitzen (S. 98–99)

③ Für einen gesunden Rücken

Ein Programm für die gute Haltung – Ihre Wirbelsäule wird aufrechter und beweglicher, die Rückenmuskulatur kräftiger und der Rücken besser durchblutet. Als Ergänzung empfohlen: »Sonnengruß« (Seite 80), Bauchatmung im Liegen (Seite 101) und Entspannung (Seite 108). Achten Sie auch im Alltag auf Ihre Haltung und denken Sie positiv.

❶ Komplette Hocke (S. 46–47)

❷ Baum (S. 58–59)

❸ Katze (S. 64–65)

❹ Kobra (S. 72–73)

❺ Hund nach unten (S. 70–71)

❻ Drehung im Sitzen (S. 98–99)

4 Für Gleichgewicht und Konzentration

Diese Übungen sorgen für geistige Frische bei gleichzeitiger Entspanntheit. Konzentrieren Sie sich bei der Ausführung darauf, größtmögliche Stille, seelisch wie körperlich, zu erreichen; dabei hilft langsames, gleichmäßiges Atmen. Zur Ergänzung empfohlen: Wechselseitige Nasenlochatmung (Seite 104) und Meditation (Seite 106).

1 Seitwärtsdehnung im Stehen (S. 42–43)

2 Baum (S. 58–59)

3 Halbmond (S. 60–61)

4 Katzen-Balance (S. 66–67)

5 Krähe (S. 62–63)

6 Voller Schulterstand (S. 90–91)

5 Für die
Wechseljahre

»Springender Krieger« und »Heuschrecke« führen Energie zu, »Halb-mond« lockert die Beckenregion und ist gut für das Gleichgewicht, der »Schulterstand« kann bei Hitzewallungen helfen. Die Übungen 3 und 6 beruhigen. Und als Ergänzung: Atemtechniken (Seite 104), Meditation (Seite 106) sowie eine gesunde Lebensführung und genügend Schlaf.

1 Springender Krieger (S. 54–55)   **2** Halbmond (S. 60–61)

3 Hund nach unten (S. 70–71)

4 Heuschrecke (S. 76–77)

5 Voller Schulterstand (S. 90–91)

6 Kind (S. 94–95)

6 Für Becken und Schultern

Müssen Sie bei der Arbeit viel stehen, oder sitzen Sie krumm am Schreibtisch oder Steuerrad? Diese Haltungen lockern Hüft- und Schulterbereich und lösen Verspannungen. Beginnen Sie mit Dehnübungen (Seite 26) und beenden Sie das Programm mit der progressiven Entspannung (Seite 108).

1 Katze (S. 64–65)

2 Katzen-Kreise (S. 68–69)

3 Dreieck (S. 52–53)

4 Schlange (S. 74–75)

5 Dehnungssequenz im Sitzen (S. 96–97)

6 Drehung im Sitzen (S. 98–99)

7 Für das
Immunsystem

Ihre Vitalität hängt auch von Ihrem Immunsystem ab. Halten Sie es gesund mit maßvollen sportlichen Aktivitäten und guten Schlafgewohnheiten! Dieses Programm versorgt es mit neuer Energie. Zur Ergänzung: Atem spüren (Seite 25), Wechsel-Atmung (Seite 104) und progressive Entspannung (Seite 108).

1 Vorwärtsbeuge (S. 48–49)

2 Hund nach unten (S. 70–71)

3 **Kobra** (S. 72–73)

4 **Bogen** (S. 78–79)

5 **Kind** (S. 94–95)

6 **Voller Schulterstand** (S. 90–91)

Register

Altern 6, 7–10
  biologisches 7–9
  chronologisches 7
  Ursachen fürs 9–10
  Veränderungen durch das
    7–9
Armschieben 30
Arthritis 9
Arthrose 8, 17, 47, 59, 62,
  68, 73
Atemwegserkrankungen
  8–9
Atmung 11
  Atmen mit Summton 100
  Bauchatmung im Liegen
    101
  Grundsätzliches 24–25
  gute Gewohnheiten 24
  Kühlender Atem 105
  Schein-Atmung 102–103
  Übungen/Atemlenkung
    100–105
  Wechsel-Atmung 104

Bauchatmung im Liegen 101
Bauchoperation 17
Baum 58–59
Beckenheben 31
Becken öffnen 37–39
Bekleidung 16
Blitz 44–45
Blutdruck, niedriger 17, 86
Bluthochdruck 9, 17, 45,
  47, 49, 50, 53, 54, 56,
  60, 62, 74, 76, 78, 86,
  94, 96, 103
Blutungen in der Bauch-
  region 103

Bogen 16, 78–79
Bronchitis 8–9

Decke, Anwendung 21
Dehnen zur Vorbereitung
  26–39
Dehnungssequenz im
  Sitzen 96–97
Diabetes 9
Drehung im Liegen 32
Drehung im Sitzen 98–99
Dreieck 52–53

Einstellung, innere 10,
  11–12, 13
Entspannung 22–23,
  108–109
  Sekunden- 109
  progressive 108–109
Entzündung in der Bauch-
  region 103
Epilepsie 94
Ernährung 8, 9

Frauen, Yoga und 12–13
Freie Radikale 9
Fußknöchel, Förderung der
  Beweglichkeit 33

Gefühle, negative 11–12
Gehirn 9
Gehör 9
Gelenke
  Beweglichkeit 8
  Mobilisierung 33–36
Gene 9
Gesundheitsbeschwerden,
  Vorsichtsmaßnahmen 17
Gesundheitstipps 6
Glaukom 17, 49, 50, 62,

  86, 89, 94
Gleichgewicht 9
Gurt, Anwendung 20

Halbmond 60–61
Haltung 11, 18
Handgelenke, arthritische
  62
  Mobilisierung 35
Haut 10
Herz-Kreislauf-Erkrankun-
  gen 8
Herzleiden 8, 9, 17, 45, 47,
  49, 50, 53, 54, 56, 60, 62,
  74, 76, 78, 86, 89, 96
Heuschrecke 76–77
Hilfsmittel 18, 20–21
Hocke, komplette 46–47
Hormone 8
Hüfte
  Mobilisierung/Förderung
    der Beweglichkeit 8
  Probleme 45, 47, 59
Hund nach unten 70–71

Immunsystem 9
Ischias 17

Katze 64–65
Katzen-Balance 66–67
Katzen-Kreise 68–69
Kind 94–95
Kissen 20
Knie
  Mobilisierung 33
  Probleme 47, 59, 64
Kniekreisen 26
Knien 19
Kniesehnen-Dehnung 28
  Variante 29

Kobra 72–73
Kopf ans Knie 27
Krähe 62–63
Krieger seitwärts 54–55
Kühlender Atem 105
Kurzzeitgedächtnis 9
Kyphose 73

Lebenserwartung 6
Lebensführung 9–10
    Lebensgrundsätze 12
    Veränderung der 11–12
Leistenbruch 17, 74, 76, 78
Liegen, auf dem Rücken 19
Lunge 8

Magengeschwür 76
Meditation 11, 106–107
Menstruation 17, 86, 89,
    103
Muskulatur 8

Nacken
    Mobilisierung 36
    Probleme 17, 53, 60, 73,
        74, 86, 89
Netzhautablösung 17, 49,
    50, 62, 86, 89, 94

Osteoporose 8
Östrogen 8

Patanjali 11
Pflug 92–93
Polsterrolle 21
Programme 111–125
    Für Becken und
        Schultern 122
    Für das Immunsystem 124
    Für die Verdauung 114

Für die Wechseljahre 120
Für einen gesunden
    Rücken 116
Für Gleichgewicht und
    Konzentration 118
Für Herz und Lunge 112

Reflexe 9
Rücken
Rückenprobleme 17, 53,
    56, 71, 74, 94, 96
Rückenschmerzen 45, 47,
    49, 54, 60, 62, 64, 76, 78
Rückwärtsbeuge 51
Rumpf, Mobilisierung 34

Schaumstoffpolster,
    Anwendung 20
Schein-Atmung 102–103
Schlaganfall 8
Schlange 74–75
Schultern, Mobilisierung 35
Schulterstand 90–91
    gegen die Wand 86–89
Schwangerschaft 6
Sehen 9
Seitwärtsdehnung im Stehen
    42–43
Sinnesorgane 9
Sitzen, Grundposition 18, 19
Sonnengruß 11, 80–85
Sportliche Betätigung 10–11
Springender Krieger 56–57
Stehen, Grundposition 18
Steife 73
Stress 9
Stuhl, Anwendung 21

Üben, Leitlinien 16–17
    Leistungsgrenzen 16

Übergewicht 47, 86, 89
Umwelt 10

Vererbung 9
Verletzungen, Heilung von 8
Virusinfektionen 9
Vorbereitung 16–17
Vorwärtsbeuge 48–50

Wechsel–Atmung 104
Wechseljahre 8, 12–13
Willenskraft 13
Wirbelsäule, Biegung 8

Yoga
    Üben 16–17
    und Frauen 12–13
    und Gesundheit? 6
    und Hormone 8
    und Lebensgrundsätze 12
    und Leistungsgrenzen 16
    und Schwangerschaft 6
    und verbreitete Be-
        schwerden 17
    Vorteile/Nutzen 6–7,
        10–11
    Zeit für 16
    Ziele 1

Zehen, Mobilisierung 33
Zellen, Schädigung der 9
Zentrieren 22–23

Nützliche Adressen

BERUFSVERBAND DER YOGALEHRENDEN IN DEUTSCHLAND E.V.
Jüdenstr. 37
37073 Göttingen
Tel.: 05 51/488 38 08
Fax: 05 51/488 38 60
E-Mail: info@yoga.de
http://www.yoga.de

SCHWEIZERISCHE YOGA GESELLSCHAFT
Aarbergergasse 21
CH-3011 Bern
Tel.: 031/3 11 07 17
Fax: 031/3 11 07 17

E-Mail: sekretariat@syg.ch
http://www.yoga.ch

BERUFSVERBAND DER YOGALEHRENDEN IN ÖSTERREICH
Frau Erika Erber
Tel.: 01/5 48 82 22
E-Mail: boey@yoga.at
http://www.yoga.at

WWW.YOGA-SHOP.DE
Bestellmöglichkeiten rund ums Thema Yoga

Dank

DANK DES AUTORS

Ich danke meinen Lehrern und Schülern, insbesondere Sheri Greenaway, Dr. Shrikrishna und David Swenson; Julie Bullock und Liz Taylor für Ihre Hilfe beim Text; Dr. Robin Monro dafür, dass er mich mit Yoga for Life betraut hat; Jane und Anne-Marie für ihre unermüdliche redaktionelle und gestalterische Arbeit und dafür, dass die Arbeit mit ihnen so viel Spaß macht; und Nicky und Schroeder dafür, dass wir das letzte Jahr überstanden haben.

DANK DES VERLAGS

Catherine MacKenzie für ihre Mitarbeit bei der Buchgestaltung; Jane Simmonds und Angela Wilkes für die Lektoratsassistenz; Dorothy Frame für die Bearbeitung des Registers; Katy Wall für den Umschlagentwurf und Anna Bedewell für zusätzliche Bildbeschaffung.

Models Emma Cato, Lee Hamblin, Jane Kemlo. **Photoassistenz** Nick Rayment.
Frisuren und Make-up: Hitoko Honbu (Hers).
Studio: Air Studios Ltd.

BILDNACHWEIS

Der Verlag dankt den folgenden Organisationen und Personen für die freundliche Abdruckgenehmigung:
6: Retna Pictures Ltd./Jenny Acheson; 10: Photonica/Hans Bjurling.
Die Rechte für alle anderen Fotos liegen bei Dorling Kindersley. Weitere Informationen unter www.dkimages.com.